평강의 주께서 친히

때마다 일마다

평강을 주시기를 기도하며

특별히 ＿＿＿＿＿＿ 님께

이 소중한 책을 드립니다.

너, 하나님의 사람아!

초판 1쇄 발행 | 2021. 1. 10
초판 1쇄 발행 | 2021. 1. 10
지은이 | 고흥식
펴낸이 | 정신일
펴낸곳 | 크리스천리더
편 집 | 성주희
교 정 | 이숙자, 홍소희
일부총판 | 생명의 말씀사 (02) 3159-7979
등 록 | 제 2-2727호(1999. 9. 30)
주 소 | 부천시 원미구 중동로 100 팰리스카운티
  아이파크 상가 311호
전 화 | (032) 342-1979
팩 스 | (032)343-3567
도서출간상담 | E-mail:chmbit@hanmail.net
homepage | www.cjesus.co.kr

ISBN : 978-89-6594-317-4 (03230)

정가 : 13,000원

저자와의 협약 아래 인지는 생략되었습니다.
이 출판물은 저작권법에 의해 보호받는 창작물이므로,
무단 복제와 무단전재를 할 수 없습니다.

■ 잘못된 책은 구입하신 곳에서 바꿔드립니다

고흥식 목사 치유와 회복의 설교 시리즈 25

너, 하나님의 사람아!

고흥식 목사

"이는 하나님의 사람으로 온전하게 하며
모든 선한 일을 행할 능력을 갖추게 하려 함이라"(딤후 3:17)

크리스천리더

저자 서문

"거룩한 목회자는 하나님의 손에 들린 도구다."
"The holy minister is a tool which is Caught by God's hand."

19세기 영국교회의 거장인 찰스 H. 스펄젼(Charles H. spurgeon) 목사님의 말씀이 떠오릅니다. '영원한 즐거움(永樂)'이 있는 영락교회와 함께 거룩한 도구로 사용되어지길 소원하며 달려온 33년.

무디어진 연장이 되지 않으려고, 날이 빠진 연장이 되지 않으려고 몸부림친 세월이었습니다.

끊임없이 거대한 꿈을 꾸며 그렇게 죽을 각오로 목회를 하고 설교를 하다 보니 오늘까지 왔습니다.

목회하면서 고난은 여러 모양으로 나를 강타하곤 했습니다. 작은 고난을 극복하면 더 큰 고난이 나를 견딜 수 없는 지경에 이르게 했습니다. 그러나 거룩한 성소에서 끈기 있게 간구하다 보면 어느덧 고난은 물러가고 하나님의 깊은 것을 볼 수 있는 은혜가 임했습니다.

이 은혜를 크고 작은 절망이 있는 성도들에게 나누어 주고 싶었습니다. 치유와 회복 그리고 예수 그리스도 안에서 꿈을 설교를 통해 이루어 주고 싶었습니다. 그런데 이런 나에게 절체절명(絶體絶命)의 순간이 찾아왔습니다.

몸의 기능을 완전히 잃어버려 미국 켄터키 대학병원에서 생(生)의 마지막을 맞이하게 될 때, 사경(死境)에서 눈물로 기도하며 뜬눈으로 밤을 지새운 채 얼마나 고독했는지?

아무도 대신해 줄 수 없는 이 외로운 사투(死鬪)!

그런데 부활의 주님은 나를 만나 주셨습니다. 죽음을 앞둔 고난을 통해 주님의 풍성한 축복이 가까이 옴을 느꼈습니다. 이제 나는 죽음에서 나를 살리신 주님을 증거합니다.

"내가 주께 대하여 귀로 듣기만 하였사오나 이제는 눈으로 주를 뵈옵나이다"(욥 42:5)

욥의 고백은 나의 고백입니다.

고난을 통해 갑절의 축복을 주신 하나님!

이 책을 통해 벅차오르는 은혜와 감격을 독자 여러분께 선사하고 싶습니다.

"은혜의 단비가 쏟아지기 직전에는 먹구름이 잔뜩 끼이는 법!"

이 책을 읽어가면서 검은 구름 사이에서 언뜻언뜻 보이는 눈 부신 태양을 볼 수 있기를 간절히 기도합니다.

이 책이 나올 수 있도록 수고한 손길들에 고마움을 전합니다. 특별히 부족한 이 종을 위해 금식과 철야기도로, 눈물로 헌신하며 기도해 준 아내에게 감사드리며, 동고동락한 영락 교우들도 감사를 드립니다. 원고 정리에 큰 수고와 헌신한 문서 선교부에 고마운 마음을 전하며, 설교집이 나올 때마다 사랑과 관심으로 글을 보내주시는 독자 여러분께 감사드립니다.

끝으로 세상에 복음 전파를 위해 큰 수고하시는 크리스천리더 출판사에도 주님의 은총이 함께 하시길 기도드립니다.

영락의 산실에서 고흥식 목사

차 례

저자 서문·4

1. 고난에 참여하는 신앙

1. 고난과 신앙생활·10
2. 믿음으로 살리라·23
3. 역경 극복의 신앙·34
4. 이 시대 고난극복방법·44
5. 환난은 또 다른 축복이다·57

2. 기적을 이루는 믿음의 신앙

1. 기적을 일으키는 믿음·70
2. 믿는 자에게 나타나는 표적·81
3. 생명길 인도·95
4. 절망 중에서 구원을 보라·107
5. 하늘문이 열리는 신앙·121

3. 온전한 예배의 신앙

1. 영성 · 132
2. 예배 회복 · 142
3. 예배의 갈망 · 151
4. 예배의 양심 · 162
5. 음부의 권세가 이기지 못하는 교회 · 174

4. 하나님의 사람들

1. 눈물 중에 소망을 · 188
2. 비전의 사람 · 198
3. 은총을 받은 사람 · 207
4. 주만 바라볼지라 · 216
5. 하나님께 더 가까이 · 225
6. 하나님의 사람아 · 235

chapter 1.
고난에 참여하는 신앙

1. 고난과 신앙생활

‖ 고후 4:17~18 ‖
¹⁷우리가 잠시 받는 환난의 경한 것이 지극히 크고 영원한 영광의 중한 것을 우리에게 이루게 함이니 ¹⁸우리가 주목하는 것은 보이는 것이 아니요 보이지 않는 것이니 보이는 것은 잠깐이요 보이지 않는 것은 영원함이라

지금 우리나라뿐 아니라 전 세계가 고난을 당하고 있습니다. 또 개인적인 고난도 있고, 사업장이나 처한 환경으로 고난당하기도 합니다.

"의인은 고난이 많으나 여호와께서 그의 모든 고난에서 건지시는 도다"(시34:19).

성도에게는 꿈이 있습니다. 영광된 모습으로 하나님을 기쁘시게 해드리며 하나님의 은총 속에 사는 것입니다. 때로 고난이 닥쳐도 그 때문에 신앙이 퇴색되거나 절망하고 낙심하여 하나님으로부터 등을 돌리지 말고 어려울수록 우뚝 서서 자랑스럽고 영광스러운 신앙이 되어야 합니다.

미국의 워싱턴에서는 알 샤프턴(Al Sharpton)목사님이 '우리에게는 꿈이 있다'고 말한 마틴 루터 킹(Martin Luther King Jr.) 목사님처럼 세상 사람들이 꿈꾸는 자들을 죽일 수는 있지만 꿈을 죽일 수는 없다고 외치며 설교하고 있습니다. 성도에게는 꿈이 있습니다. 하나

님을 기쁘시게 하고 하나님께 영광이 되는 일생, 하나님의 은총을 받는 것인데 세상이 아무리 그 꿈을 죽이려 해도 절대 죽일 수 없음을 알아야 합니다. 때로는 고난을 당하여 낙심하는 것처럼 보이지만 오히려 그럴수록 빛나는 신앙생활이 되어야 합니다. 누구나 고난이 없이 편안한 삶을 원하지만 시련과 고난을 겪어야 훌륭한 인격자로 성장한다는 것을 압니다. 군을 제대해야 사람이 되고 아기를 낳아 보아야 여인이 된다는 것은 고난을 통과해야 제대로 된 인격이 형성되기 때문입니다. 영적으로 천국 백성이 되려면 우리에게 닥치는 고난에 낙심하지 말아야 합니다. 하나님은 고난 중에도 피할 길을 주시기에 넘어지지 않고 끝까지 승리하십시오.

오늘 우리가 코로나로 고난을 당하고, 세상의 온갖 고난이 몰려오고 있습니다. 경제적인 고난뿐 아니라 정치 또한 누구의 말이 맞는 것인지 모를 만큼 사상적으로 혼란하고 지구의 대이변으로 인해 고난을 당할 때 하나님께 돌아와야 합니다. 하나님께 돌아와 무릎을 꿇어야 은총이 임하는 것을 알지 못하고 고난을 당할 때 인간의 힘으로 해결하려 하면서 오히려 하나님을 멀리 하고 하나님께 예배하고 기도하는 것을 멀리 한다면 하나님의 뜻과 전혀 다른 길을 걷고 있음을 알아야 합니다. 본문을 통해 오늘 우리가 어떻게 살아야 하는지 알아보고자 합니다.

1. 고난을 통해 인간의 교만을 깨뜨린다.

하나님은 고난을 통해 인간의 고난을 깨뜨리십니다. 아담과 하와가 얼마나 교만했는지 하나님과 같이 되려 하여 선악과를 따먹고 배

신자가 되어 에덴에서 쫓겨났습니다. 인간이 얼마나 연약하고 무력한 존재인지 알지 못하고 인간 만능이라 하여 인간의 지혜와 방법, 인간의 과학과 정치가 세상의 전부라고 생각하는 사람이 많습니다. 그러나 그것은 착각입니다. 오늘날 사람들이 바벨탑을 쌓고 있습니다. 교만으로 인해 하나님의 나라까지 점령하려는 모습을 보이고 있습니다. 지금 전 세계에 닥친 이변과 재앙이 하나님처럼 되고자 하는 DNA를 깨뜨리고 하나님께 돌아오라는 신호임을 알아야 합니다.

"교만은 패망의 선봉이요 거만한 마음은 넘어짐의 앞잡이니라"(잠 16:18).

얼마나 교만하고 거만한지 하나님이 그 거만함과 교만을 깨뜨리려는 방법으로 고난을 주고 세계에 고통을 주고 있다는 사실을 분명히 알아야 합니다.

"너희 모든 성도들아 여호와를 사랑하라 여호와께서 진실한 자를 보호하시고 교만하게 행하는 자에게 엄중히 갚으시느니라"(시 31:23).

마귀는 우리를 교만해지도록 하기 때문에 마귀가 들어간 사람은 한없이 교만해집니다. 마치 세상에 최고인 양 교만해지다가 하나님으로부터 징계를 받습니다. 코로나 사태는 인간의 교만을 깨뜨리려고 하나님이 치시는 망치임을 알아야 합니다. 이 때 겸손히 하나님께 돌아오는 믿음 자세가 바른 신앙의 모습이요, 성경이 우리에게 주는 교훈임을 알아야 합니다. 이 교훈을 교육을 통해 알 수 있습니까? 좋은 환경이 알게 합니까? 인간의 고집과 자기중심적인 모습을 어떻게 깨뜨릴 수 있습니까? 엄청난 고난을 주심은 하나님께 돌아오라는 신호임을 인생이 알아야 합니다. '천부여 의지 없어서 손들고 옵니다. 주 나를 박대 하시면 나 어디 가리까' 두 손 들고 돌아오는 것이 창조주 되시는 하나님을 향한 피조물의 자세입니다.

"그가 사람의 귀를 여시고 경고로써 두렵게 하시니 이는 사람에게 그의 행실을 버리게 하려 하심이며 사람의 교만을 막으려 하심이라"(욥33:16~17).

21세기를 사는 인간들의 교만이 하늘을 찌르기 때문에 하나님이 더 이상 볼 수 없어 방망이로 때리고 계신다는 것을 분명히 알아야 합니다.

"하나님 아는 것을 대적하여 높아진 것을 다 무너뜨리고 모든 생각을 사로잡아 그리스도에게 복종하게 하니"(고후10:5)

하나님을 대적하고 높아지려는 사람에 대하여 낮추는 방법이라는 것을 눈을 뜨고 보아야 하는데 하나님이 보이지 않습니다. 하나님 말씀이 들리지 않습니다. 눈에 보이는 것이 전부라고 생각합니다. C.S. 루이스(C.S. Lewis) 목사님은 '타락한 인간에게 고난이 없다면 얼마나 교만해질까'라고 하면서 귀머거리인 인간에게 하나님의 음성을 듣게 하는 확성기가 고난이라 했습니다. 지금의 고난은 인간의 닫힌 귀를 열기 위해 고난의 확성기를 틀어놓은 것을 알아야 합니다. 이것을 깨닫는 자가 지혜로운 사람이며 깨닫지 못하고 인간의 능력과 과학으로 백신만 나오면 해결된다고 생각하는 사람이야말로 어리석은 사람입니다. 제2의 태풍은 언제나 지난 태풍보다 더 강한 법입니다. 아직도 태풍은 적도 상에서 수없이 만들어지고 있습니다. 한 번 불고 끝나는 태풍이 아닌 것처럼 코로나로 끝나는 것이 아닙니다. 치료제나 백신이 만들어진다고 끝이 아닙니다. 하나님께 돌아오는 것이 고난에 대한 해결책임을 알고 말씀 앞에 돌아오는 민족과 세계와 성도가 되기를 주의 이름으로 축원합니다.

하나님께서 눈꺼풀을 열게 하시고 가면을 벗기실 때, 인간이 얼마나 무력하고 허약한 존재인지 깨달아야 지혜로운 인간이라 할 수 있습니다. 지금은 하나님이 교만을 깨뜨리는 시간입니다. 성경에 전염병에 대한 기록이 46회나 있습니다.

"이는 그가 너를 새 사냥꾼의 올무에서와 심한 전염병에서 건지실 것임이로다"(시91:3).

또 전염병으로 칠만 명이 죽은 사건이 있습니다.

"이에 여호와께서 이스라엘 백성에게 전염병을 내리시매 이스라엘 백성 중에서 죽은 자가 칠만 명이었더라"(대상21:14).

이것이 하나님께 돌아오라는 신호임을 알고 돌아왔을 때 그들을 회복시켜 주신 것처럼 지금의 고난들이 우리의 교만을 깨뜨리고 하나님 앞에 돌아오라는 신호임을 알아야 합니다.

2. 오직 하나님만 의지하라.

"형제들아 우리가 아시아에서 당한 환난을 너희가 모르기를 원하지 아니하노니 힘에 겹도록 심한 고난을 당하여 살 소망까지 끊어지고 우리는 우리 자신이 사형 선고를 받은 줄 알았으니 이는 우리로 자기를 의지하지 말고 오직 죽은 자를 다시 살리시는 하나님만 의지하게 하심이라 그가 이같이 큰 사망에서 우리를 건지셨고 또 건지실 것이며 이 후에도 건지시기를 그에게 바라노라"(고후1:8~10).

사도 바울은 복음을 전파하다가 살 소망까지 끊어질 큰 고난을 당했습니다. 사형언도를 받은 것 같은 고난이 자신을 의지하지 말고 죽은 자도 살리시는 하나님만을 의지하게 함을 알았습니다. 고난 앞에서 인간이 얼마나 무력한지 알고 하나님만 붙잡고 기도하라는 신호임을 알아야 합니다.

"내일 일을 너희가 알지 못하는도다 너희 생명이 무엇이냐 너희는 잠깐 보이다가 없어지는 안개니라"(약4:14).

사람들이 자신의 생명을 안개라고 생각합니까? 천만의 말씀입니다. 어떤 이는 백 년, 이백 년 살 것처럼 생각하지만 말도 되지 않는 소리입니다. 누구도 백 년, 이백 년 살 수 없습니다. 우리의 생명은 안개입니다. 전염병이 돌아 죽을까봐 전전긍긍하는 사람들에게 너의 생명은 안개와 같다고 하십니다. 육체만 붙잡고 그것이 다인 것처럼 행동하는 우리에게 인생이 안개와 같음을 일깨우는 것이 전염병입니다. 두 손 들고 하나님께 돌아와 기도하고 예배드려야 하는데 그것을 알지 못하는 우리에게 생명이 안개라고 가르칩니다.

"의인이 부르짖으매 여호와께서 들으시고 그들의 모든 환난에서 건지셨도다 여호와는 마음이 상한 자를 가까이 하시고 충심으로 통회하는 자를 구원하시는도다"(시34:17~18).

의인은 고난이 많습니다. 예수를 믿어도, 교회도 고난을 당하지만 하나님께서는 분명히 건져주신다 했습니다. 부르짖어 기도하면 붙잡아 주신다 했습니다. 마음이 상한 자를 가까이 해 주십니다. 자녀를 키우면서 또 사업 때문에 당하는 고난으로 기도할 때, 하나님은 가까이 해 주신다고 말씀하십니다.

"너희 중에 고난당하는 자가 있느냐 그는 기도할 것이요 즐거워하는 자가 있느냐 그는 찬송할지니라"(약5:13).

평소 기도하지 않는 사람도 고난을 당하면 새벽기도에 나오고 철야기도와 금식기도를 하고 하나님께 서원하며 작정기도를 합니다. 왜 그렇습니까? 하나님께서 붙잡아 주시고 은혜를 주셔서 해결된 것을 체험했기 때문입니다. 오직 하나님만 의지하면 살 길이 열림을 믿으십시오.

3. 고난당할 때 세상의 노예가 되지 말아야 한다.

세상 방법을 좇는 노예가 되지 마십시오. 고난은 육체를 따라 사는 세상의 노예가 되지 않도록 돕는 큰 역할을 합니다. 이 세상은 악한 영에 속해 있어서 원수 마귀가 세상 사람들을 육신의 정욕과 안목의 정욕, 이생의 자랑 속에 살도록 하고 하나님의 생각을 알지 못하게 하며 기억하지 못하게 하며 하나님의 생각을 알지도 못하게 합니다. 하나님을 보지 못하게 하며 하나님께 나오지도 못하게 하고 기도하지도 못하게 합니다. 찬송도 하지 못하게 하는 것이 마귀의 술책입니다.

"이는 세상에 있는 모든 것이 육신의 정욕과 안목의 정욕과 이생의 자랑이니 다 아버지께로부터 온 것이 아니요 세상으로부터 온 것이라"(요일2:16).

이 세상의 자랑은 육체만 꼭 붙잡고 영원을 생각하지 못하게 합니다. 마귀는 영적인 것, 신앙생활이나 하나님을 섬기는 교회생활을 생각하지 못하도록 하나님으로부터 분리시킵니다. 그래서 마귀를 '디

아블로스(diavbolo)'라고 하고 그 뜻이 '분리시키는 자'입니다. 마귀는 육체만 꼭 붙잡게 하여 하나님으로부터 분리시킵니다. 오늘 세상 사람들이 육체가 다인 것처럼 생각하여 하나님과 분리되고 있습니다. 이 때, 하나님을 바라보는 지혜가 있기를 축원합니다.

어린 시절 마당에서 하는 땅따먹기 할 때면 뼘을 한껏 늘여 땅에다 그리고 내 땅, 네 땅 합니다. 이렇게 땅따먹기를 하다가 황혼녘이 되어 엄마가 밥 먹으라고 부르면 지금까지 땅따먹기 하던 손을 툭툭 털고 일어나 발로 북북 지워 버리고 집으로 돌아갑니다. 다음 날 아침이 되면 지난밤에 내린 비로 어제 땅따먹기 했던 것은 흔적도 없이 사라지곤 했습니다.

지금 온 세상 사람들이 땅만 바라보고 땅따먹기 하는 것처럼 이 땅이 전부인 양 살고 있지만 황혼의 시간에 하나님이 부르시면 모두 두 손 툭툭 털고 하나님 앞에 서야 할 존재들입니다. 그런데 사람들은 온통 땅에 소망을 두면서 모든 정신을 빼앗기고 있습니다. 하나님을 찾는 자가 지혜로운 사람입니다. 있는 곳 처소에서 예배를 드리다가 정신이 번쩍 나서 하나님을 찾는 자가 되기를 축원합니다.

"고난당한 것이 내게 유익이라 이로 말미암아 내가 주의 율례들을 배우게 되었나이다"(시119:71).

고난당하지 않으면 찬송도 하지 않고 기도도 하지 않고 성경도 보지 않습니다. 그렇지만 고난당할 때, 하나님 앞에 돌아오는 사람이 지혜로운 사람입니다. 하나님께 기도하는 사람이 지혜로운 사람입니다.

"모든 은혜의 하나님 곧 그리스도 안에서 너희를 부르사 자기의 영원한 영광에 들어가게 하신 이가 잠깐 고난을 당한 너희를 친히 온전하게 하시며 굳건하게 하시며 강하게 하시며 터를 견고하게 하시리라"(벧전5:10).

우리에게 오는 어떤 고난도 그것이 오히려 우리를 견고케 하고 강하게 하며 하나님께서 터를 더욱 굳세게 하심을 믿으십시오. 시험 당할 즈음 피할 길을 달라고 기도하면 그 기도에 응답하시는 하나님을 믿으십시오. 인류가 당하는 고난, 민족이 당하는 고난, 개인이 당하는 고난, 성도가 당하는 고난 앞에 하나님의 옷자락을 붙잡고 기도할 때 승리합니다.

3. 예수 그리스도를 닮아야 한다.

하나님은 고난을 통해 우리로 그리스도를 닮게 합니다. 조각가는 돌이나 나무를 찍어 끌과 망치, 톱으로 잘라 예술 작품으로 만듭니다. 고난은 우리를 하나님의 멋진 작품으로 만들기 위한 과정입니다. 어떤 작품입니까? 예수 그리스도를 닮아가는 작품입니다.

"너희가 서로 거짓말을 하지 말라 옛 사람과 그 행위를 벗어 버리고 새 사람을 입었으니 이는 자기를 창조하신 이의 형상을 따라 지식에까지 새롭게 하심을 입은 자니라"(골3:9~10).

고난이 닥치면 옛 사람의 껍질을 벗어버리고 예수 그리스도의 형상으로 만드는 하나님의 원리를 알아야 합니다. 예수 십자가의 보혈의 피를 의지하여 성령의 능력으로 말씀을 통해 변화 받아 우리에게 닥친 어떠한 고난도 그것이 주님의 형상을 만들어가는 하나님의 작품의 과정임을 믿으십시오.

"우리가 항상 예수의 죽음을 몸에 짊어짐은 예수의 생명이 또한 우리 몸에 나타나게 하려 함이라"(고후4:10).

고난을 통해 예수의 죽음의 고통도, 부활의 생명도 우리 몸에 나타나게 하여 예수 그리스도의 죽음에 참예하게 하고 영광된 부활에 참여토록 하는 은총임을 믿으십시오.

"자녀이면 또한 상속자 곧 하나님의 상속자요 그리스도와 함께 한 상속자니 우리가 그와 함께 영광을 받기 위하여 고난도 함께 받아야 할 것이니라"(롬8:17).

하나님은 영광을 거저 주시지 않습니다. 예수님처럼 고난을 통과하여 예수님처럼 영광된 모습으로 그리스도와 함께 상속자가 되도록 천국 백성을 각 사람의 분량에 따라 감당할 만큼의 고난을 허락하십니다. 크게 쓸 사람은 고난도 큽니다.

"왜 내게 이런 고통을 주십니까?"

걱정할 것 없습니다. 엄청난 고난을 받은 사람은 하나같이 크게 쓰였습니다. 어떤 어려움을 당하더라도 낙심하지 마십시오. 굳게 서십시오. 예수님은 포도나무, 우리는 가지라 했습니다. 접붙여진 가지입니다. 우리를 찍어서 예수님께 접붙여 주셨습니다. 농업학교에서 학생들이 접붙이는 것을 보았습니다. 감나무를 고엽 나무에 접붙이기 위해 크고 좋은 감이 나오는 감나무 가지를 예리한 칼로 자릅니다. 진액이 나와도 자릅니다. 접붙일 나무의 가지도 예리한 칼로 잘라서 이것을 붙여 동여매자 진액이 흐릅니다. 예수님은 왜 우리를 가지라 말씀하셨을까요? 교만하기 짝이 없는 우리를 하나님의 성령의 칼로 잘라 보혈의 피가 흐르는 그곳에 접붙여 주신 은총으로 예수님은 포도나무요 우리는 가지가 되게 하셨습니다. 고난의 예리한 칼로 우리를 자르시고 주님도 십자가의 보혈의 피로 잘라져서 접붙여 주심이 은혜입니다.

예수님을 잘 섬기고 하나님 말씀대로 살려 하는데 고난이 옵니까? 의심하지 마십시오. 더 새롭고 영광되며 귀하게 쓰시려는 하나님의 계획입니다. 사도 바울이 그랬습니다. 하나님을 사랑한 요셉도, 모세도 고난을 통해 귀하게 쓰셨습니다. '하나님의 자녀인데 왜 내게 고난이 옵니까?' 하나님의 섭리를 알면 걱정할 것이 없습니다. 등 따뜻하고 배부르면 기도하지 않습니다. 말씀도 안 보고 주님 찾지 않습니다. 그저 세상 좋은 방법대로 살 뿐입니다. 고난당하고 가난해지고 병이 들었을 때 주님 앞에 엎드려 매달리기 바랍니다. 어두워져야 빛이 밝아지는 영광을 봅니다. 추운 겨울 얇은 옷을 입고 찬 곳에 나가면 옷이 얼마나 귀한지 알게 됩니다. 열 끼를 굶은 후에는 밥이 얼마나 귀하고 맛있는지 알게 됩니다.

"그러므로 우리가 낙심하지 아니하노니 우리의 겉사람은 낡아지나 우리의 속사람은 날로 새로워지도다 우리가 잠시 받는 환난의 경한 것이 지극히 크고 영원한 영광의 중한 것을 우리에게 이루게 함이니 우리가 주목하는 것은 보이는 것이 아니요 보이지 않는 것이니 보이는 것은 잠깐이요 보이지 않는 것은 영원함이라"(고후4:16~18).

보이는 것은 잠깐이며 보이지 않는 것이 영원한 것임을 알아야 합니다. 보이는 것이 고난으로 인해 뚝 잘라질 때 보이지 않는 영원한 것이 눈에 보이기 시작합니다. 보이는 것을 자르는 방법이 고난입니다. 보이는 것만 의지했던 자가 이제는 하나님을 보이는 것처럼 섬기는 것이 지혜로운 자요, 그가 천국의 시민권을 갖는 백성입니다. 하나님의 의가 크게 드러나는 사람일수록 큰 그릇을 만들기 위해 큰 고난을 주십니다. 그리고 그 고난을 통해 하나님의 은혜가 채워지게 됩니다. 사도 바울도 너무 큰 고난을 당해 고통스러웠습니다. 그래서 기도할 때 하나님은 말씀하셨습니다.

"나에게 이르시기를 내 은혜가 네게 족하도다 이는 내 능력이 약한 데서 온전하여짐이라 하신지라 그러므로 도리어 크게 기뻐함으로 나의 여러 약한 것들에 대하여 자랑하리니 이는 그리스도의 능력이 내게 머물게 하려 함이라"(고후12:9).

약해질 때 하나님을 의지하게 됩니다. 강할 때는 하나님 바라보지 않습니다. 답답할 때 기도하게 되니 고난이 오히려 하나님께 가까이 가게 합니다.

"너희 중에 고난당하는 자가 있느냐 그는 기도할 것이요 즐거워하는 자가 있느냐 그는 찬송할지니라"(약5:13).

고난 중에 기도하면 하나님은 반드시 도와주십니다. 우리가 살고 가정이 살고 이 민족과 세계가 지금처럼 고난당할 때 하나님께 돌아오는 것이 사는 길입니다. 이것이 피조물이 사는 길입니다.

말씀을 정리합니다. 현실은 눈에 보이지만 천국은 보이지 않습니다. 사람들은 보이는 세계에 유혹받고 끌려가며 이것이 다인 줄 알고 있지만 고난은 눈에 보이는 세계를 허물어뜨리고 눈에 보이는 것이 얼마나 허무한지 알게 합니다. 고난이야말로 눈에 보이지 않는 하나님을, 눈에 보이지 않는 천국을 주목하게 하는 것임을 아는 자가 지혜로운 자요, 하나님께 사랑받는 자입니다.

　영혼은 영원하며 육체는 잠깐입니다. 인생이 7,80세가 되면 다 허물어집니다. 영원한 천국이 있듯이 영원한 지옥도 있음을 기억해야 합니다. 영원한 천국은 영혼이 거듭나야 합니다. 이 영혼이 하나님께 귀하게 사랑받고 축복을 받기 위해서는 깊이 믿어야 합니다. 깊이 기도해야 합니다. 하나님께 깊이 섬기는 헌신자가 되어야 합니다. 용광로에서 정금을 만들어 내듯 하나님께서는 고난당하는 우리를 절대 잊지 않으시고 보고 계시며 기억하십니다. 오직 하나님만을 의지하고 매달려 살아가기를 축원합니다.

2. 믿음으로 살리라

‖ 합 3:16~18 ‖
¹⁶내가 들었으므로 내 창자가 흔들렸고 그 목소리로 말미암아 내 입술이 떨렸도다 무리가 우리를 치러 올라오는 환난 날을 내가 기다리므로 썩이는 것이 내 뼈에 들어왔으며 내 몸은 내 처소에서 떨리는도다 ¹⁷비록 무화과나무가 무성하지 못하며 포도나무에 열매가 없으며 감람나무에 소출이 없으며 밭에 먹을 것이 없으며 우리에 양이 없으며 외양간에 소가 없을지라도 ¹⁸나는 여호와로 말미암아 즐거워하며 나의 구원의 하나님으로 말미암아 기뻐하리로다

하박국 선지자는 그 당시의 정황에 민감한 인물이었습니다. 그는 하나님께 여쭙니다.

"하나님 악하고 불의한 자들이 세상의 권력을 잡고 있는 것이 타당합니까? 앗수르나 바벨론이 이스라엘을 삼키려고 호시탐탐 살피는 이 상황을 보고 계십니까? 악한 자들을 왜 가만 두십니까? 하나님 답변해 주십시오."

정황은 상황이라고도 할 수 있습니다. 정세라고도 할 수 있습니다. 개인적인 형편도 정황에 속할 수 있습니다.

"하나님, 지금 나를 보고 계십니까? 왜 악한 자가 잘 되는 것을 그냥 두시고 선한 사람이 고통 받는 것을 보고만 계십니까? 말씀 좀 해 주세요."

하박국은 당시 정세를 보고 이렇게 하나님께 묻고 있습니다. 어쩌

면 오늘 우리들의 모습과 비슷합니다.

"여호와여 내가 부르짖어도 주께서 듣지 아니하시니 어느 때까지리이까 내가 강포로 말미암아 외쳐도 주께서 구원하지 아니하시나이다 어찌하여 내게 죄악을 보게 하시며 패역을 눈으로 보게 하시나이까 겁탈과 강포가 내 앞에 있고 변론과 분쟁이 일어났나이다"(합 1:2~3).

"이러므로 율법이 해이하고 정의가 전혀 시행되지 못하오니 이는 악인이 의인을 에워쌌으므로 정의가 굽게 행하여짐이니이다"(합 1:4).

정의가 어디로 갔느냐고 하나님께 묻고 있습니다. 6.25 전쟁이 발발한 지 70년이 넘어가는데 그 일을 저지른 그들이 호시탐탐 다시 일을 저지르려고 하는데 보고만 계십니까? 우리가 이렇게 묻는 것과 같습니다. 왜 70년이 중요합니까?

"곧 그 통치 원년에 나 다니엘이 책을 통해 여호와께서 말씀으로 선지자 예레미야에게 알려 주신 그 연수를 깨달았나니 곧 예루살렘의 황폐함이 칠십 년 만에 그치리라 하신 것이니라"(단9:2).

70년 만에 예루살렘의 황폐함을 그치게 하리라는 약속의 말씀처럼 우리나라도 6.25사변이 발발한 시 70년이 되는 때에 북한의 위협을 그치게 해달라는 구국기도회를 해야 합니다. '주여! 70년 만에 이제 그치게 하옵소서.' 코로나 19로 인해 사람들이 전전긍긍합니다. 어느 때까지 고통 중에 있어야 합니까? 기도해야 합니다.

하박국 선지자가 악한 자들이 활개 치는 모습과 선한 자들의 고통, 정의가 사라진 모습이 어느 때까지냐고 하나님께 질문할 때 하나님이 답변하십니다.

"여호와께서 이르시되 너희는 여러 나라를 보고 또 보고 놀라고 또 놀랄지어다 너희의 생전에 내가 한 가지 일을 행할 것이라 누가 너희에게 말할지라도 너희가 믿지 아니하리라"(합1:5).

그런데 마지막 부분을 보십시오. '누가 너희에게 말할지라도 너희가 믿지 아니하리라' 이것이 문제입니다. 하나님의 말씀에 대한 믿음이 없고 하나님이 약속하신 것에 대한 신뢰가 없습니다. 하박국 전체의 말씀 중 가장 중요한 것이 있습니다.

"보라 그의 마음은 교만하며 그 속에서 정직하지 못하나 의인은 그의 믿음으로 말미암아 살리라"(합2:4).

오직 의인은 믿음으로 사는데 그 믿음은 하나님의 약속에 대한 믿음이며, 반드시 선한 길로 인도하신다는 신뢰입니다. 하나님은 반드시 귀한 것으로 역사하심을 믿습니까? 하나님께서 택하신 것도 중요하지만 택함을 받은 우리가 하나님 앞에 목숨 걸고 기도하고 있는 한, 그 성취의 약속은 이루어집니다. 하지만 어떤 방법이 될지는 모릅니다.

이스라엘이 바로 서지 않자 앗수르와 바벨론을 통해서 망하게 했습니다. 하지만 하나님은 그루터기를 남겨두셔서 다시 회복되게 하셨습니다. 지금 길이 막히는 것처럼 보여도 하나님은 절대 망하게 하지 않습니다. 하나님의 약속은 신실하시며 선한 뜻을 이루신다는 확신만 있다면 고민할 필요가 없습니다. 하나님의 약속의 말씀을 믿어야 합니다. 국가뿐 아니라 가정이나 개인의 문제도 동일합니다. 도무지 풀릴 것 같지 않은 문제도 약속의 말씀을 끝까지 믿으면 오직 의인은 믿음으로 말미암아 살아납니다. 오직 믿음으로 개인도, 가정도, 교회도 살아납니다. 오직 믿음으로 살면 하나님의 선한 뜻이 반드시 성취됩니다. 하나님의 마음에 드는 신앙생활을 하는지 살펴보십시오. 하나님을 기쁘시게 하면 약속의 말씀은 반드시 이루어진다는 믿음이 귀합니다.

"여호와께서 이르시되 너희는 여러 나라를 보고 또 보고 놀라고 또 놀랄지어다 너희의 생전에 내가 한 가지 일을 행할 것이라 누가 너희에게 말할지라도 너희가 믿지 아니하리라"(합1:5).

하나님께서 하시는 놀라운 일을 믿지 않습니다. 하박국이 하나님께 하는 답변을 보십시오.

"주께서는 눈이 정결하시므로 악을 차마 보지 못하시며 패역을 차마 보지 못하시거늘 어찌하여 거짓된 자들을 방관하시며 악인이 자기보다 의로운 사람을 삼키는데도 잠잠하시나이까"(합1:13)

주께서 우리를 택하셨는데 왜 악인의 잘됨과 의인의 망함을 그대로 두고 보시느냐고 반문합니다.

"그가 그물을 떨고는 계속하여 여러 나라를 무자비하게 멸망시키는 것이 옳으니이까"(합1:17)

하나님의 답변을 기다리는 그의 모습입니다. 모든 문제의 해결은 주님께 있습니다. 모든 해답은 말씀으로 주십니다. 이것을 내 마음에 품고 있으면 두려울 것이 없습니다. 하나님의 말씀을 붙잡고 담대하게 나아가십시오. 이 모든 정황과 정세가 요동치지만 약속의 말씀을 붙잡고 기도하며 기다리십시오.

"내가 내 파수하는 곳에 서며 성루에 서리라 그가 내게 무엇이라

말씀하실는지 기다리고 바라보며 나의 질문에 대하여 어떻게 대답하실는지 보리라 하였더니"(합2:1)

하나님의 하시는 일을 망루에 서서 기다리겠다고 말하며 실제적인 질문을 합니다.

"여호와께서 내게 대답하여 이르시되 너는 이 묵시를 기록하여 판에 명백히 새기되 달려가면서도 읽을 수 있게 하라"(합2:2).

반드시 역사하실 것을 믿도록 크고 정확한 글씨로 쓰도록 합니다. 하지만 사람들은 믿지 않습니다. 왜 그럴까요?

"이 묵시는 정한 때가 있나니 그 종말이 속히 이르겠고 결코 거짓되지 아니하리라 비록 더딜지라도 기다리라 지체되지 않고 반드시 응하리라"(합2:3).

때가 이르면 반드시 응하리라 하였으나 사람들이 기다리지 못하기 때문에 의인은 그의 믿음으로 인해 살리라 하셨습니다.

"보라 그의 마음은 교만하며 그 속에서 정직하지 못하나 의인은 그의 믿음으로 말미암아 살리라"(합2:4).

하나님이 예레미야 선지자에게 말씀하십니다.

"여호와께서 이와 같이 내게 이르시되 너는 가서 베 띠를 사서 네 허리에 띠고 물에 적시지 말라 하시기로"(렘13:1)

베로 된 띠를 시장에서 사서 물에 적시지 말고 허리에 동인 후 일정한 장소에 감추라 하십니다.

"너는 사서 네 허리에 띤 띠를 가지고 일어나 유브라데로 가서 거기서 그것을 바위틈에 감추라 하시기로"(렘13:4)

"여러 날 후에 여호와께서 내게 이르시되 일어나 유브라데로 가서

내가 네게 명령하여 거기 감추게 한 띠를 가져오라 하시기로"(렘 13:6)

감춘 띠를 가져오기 위해 파보니 썩어서 쓸 수가 없게 되었습니다. 썩어서 쓸 수가 없는 띠가 무엇을 의미할까요?

"이 악한 백성이 내 말 듣기를 거절하고 그 마음의 완악한 대로 행하며 다른 신들을 따라 그를 섬기며 그에게 절하니 그들이 이 띠가 쓸 수 없음 같이 되리라"(렘13:10).

하나님을 진짜로 믿지 않는 것이 교만입니다. 자신의 생각과 고집과 경험을 앞세우는 것이 교만입니다. 자신을 높이는 것입니다. 나를 높이면 안 됩니다. 하나님의 말씀을 높이십시오. 그래서 믿음으로 사는 사람을 의인이라 합니다. 하나님을 믿지 않고 교만한 자들은 어려운 일 앞에서 두려워 떨면서도 불평하고 원망이 많습니다. 그래서 하나님은 나를 믿지 않는 교만으로 인해 망하지만 의인은 믿음으로 말미암아 살리라고 하십니다. 이 말씀을 가장 잘 받은 인물이 사도 바울입니다.

"복음에는 하나님의 의가 나타나서 믿음으로 믿음에 이르게 하나니 기록된 바 오직 의인은 믿음으로 말미암아 살리라 함과 같으니라"(롬1:17).

하박국의 말씀을 그대로 받은 사도 바울이 쓴 로마서 말씀입니다. 마틴 루터도 종교개혁을 할 때, '오직 의인은 믿음으로 살리라'는 말씀을 붙잡고 끝까지 승리했습니다. 어떤 문제 가운데 있더라도 믿음으로 승리하십시오. 오직 의인은 믿음으로 살리라는 말은 세 단어에 유의해야 합니다. 첫째는 '의인'이 있다는 말입니다. 우리 중에도 의인이 있습니다. 나라를 위해 기도하는 의인도 있습니다. 둘째는 '살리라'입니다. 구원이 있다는 의미입니다. 의인은 반드시 구원을 받습니다. 세 번째는 '믿음으로'입니다. 우리가 살고 구원에 이르는 길이 믿음입니다. 오직 믿음으로 사는 성도가 되십시오. 그 믿음을 보시고 하나님이 행하십니다.

오늘 우리가 전염병이나 안보의 위협으로부터 고난을 받는 것이 과학이 발달하지 않았기 때문입니까? 정치학 박사가 없어서 고난을 받습니까? 대학마다 정치학 박사가 얼마나 많으며 과학자와 부자가 얼마나 많은데 전염병에 대한 백신을 만들지 못합니까? 인간은 하나님께서 하시는 일 앞에서 쩔쩔맬 수밖에 없는 나약한 인간임을 알아야 합니다. 썩은 띠처럼 인간이 교만하기 때문에 왕 중 왕이 되시는 예수님을 믿지 않고 자신의 지식과 경험을 의지하려 하다가 고통받습니다. 썩은 띠를 어디에 쓰겠습니까?

하박국 3장 1절에 '시기오놋에 맞춘 노래'라 쓰여 있습니다.

"시기오놋에 맞춘 선지자 하박국의 기도라"(합3:1).

시기오놋이라는 열광적이란 뜻입니다. 강한 소리의 악기입니다. 하박국 선지자는 격정적인 소리를 내는 시기오놋에 맞출 만큼 격정적이고 열정적인 기도를 하고 있습니다. 조용히 읊조리거나 속으로 드리는 기도가 아닌 부르짖는 기도입니다.

"여호와여 내가 주께 대한 소문을 듣고 놀랐나이다 여호와여 주는 주의 일을 이 수년 내에 부흥하게 하옵소서 이 수년 내에 나타내시옵소서 진노 중에라도 긍휼을 잊지 마옵소서"(합3:2).

부흥이란 실제적인 부흥도 있지만 하나님으로부터 떠난 사람이 돌아오는 것입니다. 하나님을 떠난 백성이 돌아와야 하는데 안 돌아옵니다. 그래서 이스라엘이 망했습니다. 하박국 선지자는 진노 중에라도 긍휼을 잃지 말아달라고 나라를 위해 기도했습니다. 망해도 좋으니까 돌아와야 합니다. 하나님의 긍휼만 있으면 회복되기 때문입니다. 하나님의 계획하신 일을 행하시고 교만한 자를 때려서라도 돌아오게 하시되 긍휼만은 잊지 말아달라는 기도입니다. 본문의 이스라엘은 외적이 쳐들어와서 나라가 망했습니다. 하나님이 하신 일 앞에서 하박국 선지자의 감정이 나타납니다.

"내가 들었으므로 내 창자가 흔들렸고 그 목소리로 말미암아 내 입술이 떨렸도다 무리가 우리를 치러 올라오는 환난 날을 내가 기다리므로 썩이는 것이 내 뼈에 들어왔으며 내 몸은 내 처소에서 떨리는도다"(합3:16).

하지만 믿음이 흔들리면 안 됩니다. 하박국 선지자는 곧장 이어서 말합니다.

"비록 무화과나무가 무성하지 못하며 포도나무에 열매가 없으며 감람나무에 소출이 없으며 밭에 먹을 것이 없으며 우리에 양이 없으며 외양간에 소가 없을지라도"(합3:17).

경제적인 대란에도 그의 믿음은 흔들리지 않을 것을 고백합니다.

"나는 여호와로 말미암아 즐거워하며 나의 구원의 하나님으로 말미암아 기뻐하리로다"(합3:18).

오직 의인은 믿음으로 말미암아 삽니다. 하박국 전체에서 강조하는 것이 믿음입니다. 믿음만 있으면 경제가 무너지고 외적이 쳐들어와도 하나님이 선한 것으로 인도하시기 때문에 두려워할 것이 없습니다. 살아계신 하나님의 인도를 받기 때문입니다. 기도하면서 왜 걱정하십니까? 하나님의 선하심을 믿는 의인이라면 기도하면서 걱정할 것이 없습니다. 불안하고 두려워한다면 믿는다고 하면서도 불신앙자입니다. 교회에 다니면서도 불신앙자가 많습니다. 불신자가 구원을 받아야 부흥이 이루어집니다. 오늘 교회마다 불신자가 많습니다. 믿음으로 사는 사람은 반드시 선한 길로 인도하십니다. '주여, 진노 중에라도 긍휼을 잊지 마옵소서.' 이것이 오늘을 살아가는 우리의 기도의 요점입니다. 전염병이 없어지기를 기도하기보다 하나님이 채찍을 대실 때 선한 뜻을 믿고 긍휼만은 잊지 말아달라고 기도해야 합니다. 믿음으로 사는 자를 하나님은 절대 망하게 하지 않으십니다. 믿음으로 사십시오. 사람들이 생명 다음으로 소중히 여기는 것이 물질이지만 믿음으로 사는 사람은 그것이 중요하지 않습니다. 어떤 환경 속에서도 긍휼을 잊지 않으시는 하나님을 믿기 때문입니다.

리빙스턴이 아프리카에서 16년 동안 선교사역을 감당하는 동안 27회나 열병에 걸렸습니다. 초췌한 모습으로 미국의 한 대학병원에서 선교보고를 할 때 학생들이 아프리카 오지에서 어떻게 선교를 감당할 수 있었는지 묻자 그는 대답합니다. '세상 끝날까지 내가 너희와 함께하리라는 말씀을 붙잡고 살았습니다.' 하나님이 세상 끝날까지 나와 함께 하십니다. 오직 의인은 믿음으로 말미암아 살리라 하십니다.

믿음으로 말미암은 의인은 살리라는 말과 의인은 믿음으로 살리라는 말의 차이는 무엇일까요? 전자는 교리이며 후자는 윤리입니다. 기독교 교리를 한 마디로 한다면 이것입니다.

"오직 의인은 믿음으로 말미암아 살리라."

믿음이란 하나님의 약속을 믿는 것입니다. 하나님의 약속은 꼭 이루어진다는 것을 믿는 믿음입니다. 믿음으로 산다는 것은 기다림을 뜻합니다. 기다릴 수 있다는 것입니다. 하나님의 약속의 말씀은 반드시 이루어지기 때문에 믿음이 있는 사람은 소망합니다. 믿음이 없는 사람은 약속에 대한 확신이 없기 때문에 불안합니다.

모르드개가 에스더에게 말합니다.

"이 때에 네가 만일 잠잠하여 말이 없으면 유다인은 다른 데로 말미암아 놓임과 구원을 얻으려니와 너와 네 아버지 집은 멸망하리라 네가 왕후의 자리를 얻은 것이 이 때를 위함이 아닌지 누가 알겠느냐 하니"(에4:14).

이 말을 들은 에스더는 죽으면 죽으리라 하고 금식 후 왕 앞에 나아가 홀을 잡았습니다.

"당신은 가서 수산에 있는 유다인을 다 모으고 나를 위하여 금식하되 밤낮 삼 일을 먹지도 말고 마시지도 마소서 나도 나의 시녀와 더불어 이렇게 금식한 후에 규례를 어기고 왕에게 나아가리니 죽으면 죽으리이다 하니라"(에4:16).

왕이 부르지 않았는데 왕 앞에 나아가 홀을 잡으면 죽는 것이지만 에스더는 죽지 않았습니다. 믿음으로 사는 사람은 살려주십니다. 오직 믿음입니다.

아메리카 인디언 할아버지가 두 손자에게 말합니다.

"사람의 마음에는 늑대가 있단다. 두 마리나 있는데 이 둘은 항상 서로 싸운단다."

"할아버지, 그럼 어떤 늑대가 이겨요?"

"내가 계속 먹이를 주는 늑대가 이긴단다."

"어떤 늑대에게 먹이를 주는데요?"

"그야 착한 늑대에게 먹이를 주지."

착한 늑대에게 계속 먹이를 주면 그 늑대가 이깁니다. 믿음과 불신이 싸웁니다. 믿는 것처럼 보이지만 불신해서 원망과 불평을 하고 고민이 많습니다. 이것은 나쁜 늑대에게 먹이를 주는 꼴로 결국은 선한 늑대가 잡아먹히고 맙니다.

의심은 죄입니다. 아담과 하와가 에덴동산에서 왜 선악과를 따 먹었습니까? 하나님 말씀을 의심했기 때문입니다. 하나님 말씀에 대한 의심으로 인해 죄가 생겼습니다. 하나님은 함께 하시며 선하신 분이라는 확신을 잃지 않는 사람은 의인의 반열에 섭니다. 내가 아는 것이 있다면 그 아는 것에 충실하게 살면 됩니다. 혹시 모른다면 믿고 따라가면 됩니다. 모르면서도 안 믿고 안 따라오는 것이 문제입니다. 지금까지 하나님이 보여주고 체험한 것이 있다면 거기에 충성되게 살면 되고 보이지 않는다면 믿고 순종할 때 보이게 됩니다.

의인은 오직 그 믿음으로 말미암아 삽니다. 개인과 자녀, 가정을 위해 믿음으로 기도하고 나라를 위해 기도하면 오직 의인은 믿음으로 말미암아 삽니다. 오직 믿음으로 사십시오.

3. 역경 극복의 신앙

‖ 창 31:10~13 ‖

¹⁰그 양 떼가 새끼 밸 때에 내가 꿈에 눈을 들어 보니 양 떼를 탄 숫양은 다 얼룩무늬 있는 것과 점 있는 것과 아롱진 것이었더라 ¹¹꿈에 하나님의 사자가 내게 말씀하시기를 야곱아 하기로 내가 대답하기를 여기 있나이다 하매 ¹²이르시되 네 눈을 들어 보라 양 떼를 탄 숫양은 다 얼룩무늬 있는 것, 점 있는 것과 아롱진 것이니라 라반이 네게 행한 모든 것을 내가 보았노라 ¹³나는 벧엘의 하나님이라 네가 거기서 기둥에 기름을 붓고 거기서 내게 서원하였으니 지금 일어나 이 곳을 떠나서 네 출생지로 돌아가라 하셨느니라

높은 산을 올라갈 때 가다가 중간에 포기하는 사람이 있는가 하면 중턱에서 만족하여 그곳에 머물다가 내려오는 사람도 있고, 아예 올라갈 생각도 없는 사람도 있습니다. 그렇지만 산 정상에 올라 아래를 내려다보는 정복자도 있습니다.

산 아래에는 귀신들려 불에도 넘어지는 아들을 둔 고통스러운 아버지가 있었지만 베드로, 요한, 야고보는 변화산 위에서 변화되는 예수님의 모습을 보고 여기가 좋사오니 이곳에 초막 셋을 짓자고 합니다. 예수님은 다시 밑으로 내려와 귀신들린 아들을 고쳐서 아버지의 고통을 해결해 주었습니다. 이 땅은 아프고 답답하고 괴로운 환경이 많습니다. 어쩔 수 없이 포기해야 하는 상황이 많지만 설교자는 저 높은 곳에 계신 하나님을 바라보도록 합니다. 하나님의 계획을 바라보도록 사다리를 놓는 작업이 설교입니다. 하나님의 계획이 선포되

어질 때 그 계획을 믿고 의지하여 사다리에서 한 발자국씩 떼며 올라가는 것이 성도의 자세입니다.

고난이 없는 인생은 없습니다. 풍파가 없는 사람은 없습니다. "사람은 고생을 위하여 났으니 불꽃이 위로 날아가는 것 같으니라"(욥5:7).

인생 자체가 고난입니다. 귀신들린 아들 때문에 답답한 아버지와 같은 모습이지만 꿈을 잃지 말아야 합니다. 우리를 향한 하나님의 계획을 붙잡고 일어나야 합니다. 전 세계 어느 곳을 가더라도 하나님의 말씀을 붙잡고 사는 민족은 일어납니다. 기독교인들이 가는 곳마다 일어나는 역사가 있습니다. 하나님이 주시는 꿈을 붙잡을 때 하나님이 그 꿈을 이루어 주시기 때문입니다. 위기를 어떻게 이겨 나갈까요? 아무리 어려운 일이 있어도 희망을 붙잡을 때 이겨나갈 수 있습니다.

1. 꿈은 내일을 기다리는 에너지입니다.

클라이슬러 자동차회사의 초대회장인 아이아코카는 포드회사의 사장으로 열심히 일했지만 1978년 해고당했습니다. 억울한 마음을 하나님께 맡기고 연봉 1달러를 받기로 하고 클라이슬러에 취직했습니다. 역경 중에도 하나님께 간절히 기도하며 축복을 기어이 받고자 했던 그는 결국 신화를 일구었습니다. 이 세상을 살 때 답답하고 힘든 일이 많지만 좌절하지 말고 우뚝 서십시오.

위대한 업적을 가진 사람은 모두 고통스러운 현실과 싸워 승리했습니다. 테레사 수녀는 노벨상을 받을 때 일생 동안 만성 두통에 시달렸음을 고백했습니다. 그것을 참고 인류를 위해 헌신했기에 노벨상을 받을 수 있었습니다. 파스칼은 청년 시절부터 극심한 통증에 시달렸지만 그것을 이겨내고 팡세라는 책을 썼습니다. 베토벤은 청각장애에도 불구하고 불후의 명곡을 지었습니다. 발명왕 에디슨은 소리가 들리지 않았지만 축음기를 발명했습니다. 존 버니언은 옥에서 천로역정이라는 책을 썼고 파스퇴르는 반신불수였지만 질병의 면역에 관한 위대한 발견을 했습니다. 밀턴은 시각장애인이었지만 실낙원이라는 책을 썼고 루즈벨트는 지체장애로 아내가 일으켜 세우지 않으면 휠체어에서 일어설 수도 없었지만 뉴딜정책으로 경제를 일으킨 미국의 위대한 대통령이 되었습니다.

아무리 어려워도 하나님을 의지하고 일어나는 사람은 일어납니다. 시련에 당당히 맞설 때 이겨나가게 됩니다. 태풍이 불면 닭은 날갯죽지에 머리를 박고 숨지만 독수리는 아주 높은 곳으로 올라가 두 날개를 활짝 편 후 유유히 안전한 곳으로 이동합니다. 바이킹은 북유럽의 차가운 바다를 이기기 위해 거대한 배를 만들고 영국과 유럽을 지배한 민족이 되었습니다. 어리석은 자들은 시련을 당하면 신의 저주라 생각하여 움츠러들어 실패자가 됩니다.

"고난당하기 전에는 내가 그릇 행하였더니 이제는 주의 말씀을 지키나이다"(시119:67).

어떤 고난 중에도 하나님 말씀을 붙잡고 승리하십시오.

본문의 야곱은 사랑하는 라헬을 얻기 위해 20년 동안 품삯도 없이 일하고 열 번이나 변개(變改)하는 삼촌 라반의 밑에서 고통스러운 시간을 보냈지만 마침내 거부가 되었습니다.

"야곱이 라반의 아들들이 하는 말을 들은즉 야곱이 우리 아버지의 소유를 다 빼앗고 우리 아버지의 소유로 말미암아 이 모든 재물을 모았다 하는지라"(창31:1).

야곱이 사랑하는 라헬을 얻기 위해 14년 동안 힘들다는 내색 없이 지낼 수 있었던 것은 꿈이 있었기 때문입니다. 꿈을 가진 사람은 아무리 어려워도 극복합니다. 꿈을 가진 사람은 지루해 하지 않으며 행복합니다. 행복을 바라보고 접근할 때 행복은 그에게 잡힙니다. 야곱이 라헬과 결혼했지만 자고 일어나니 라헬이 아닌 언니 레아였습니다. 하지만 약속을 어기고 속인 것에 분을 내지 않고 포기하지도 않았습니다. 다시 7년을 품값을 받지 않고 봉사할 때도 여전히 행복했습니다. 꿈이 있었기 때문입니다. 꿈이 있는 사람은 지치지 않습니다. 꿈을 붙잡고 나가는 사람을 당할 자가 없습니다. 그의 꿈이 미래의 희망이 되었습니다. 꿈을 잃어버린 사람은 늘 피곤으로 지쳐 있지만 꿈이 있는 사람은 지치지 않습니다. 야곱이 힘들어했다, 지쳤다는 말이 없습니다. 꿈이 있기 때문입니다.

사람은 본래 흙으로 만들어졌지만 흙으로 태어나 흙으로 죽는 사람이 있는가 하면 대리석 인생을 살다가 흙으로 죽는 사람이 있습니다. 또 어떤 사람은 흙으로 태어나 대리석으로 살고 죽는 사람이 있습니다. 똑같은 모습으로 태어났지만 대리석과 흙의 존재 가치는 다릅니다. 인생이 흙에서 났지만 한 평생 주님의 품안에서 대리석으로 사는 야곱과 같은 일생을 사십시오. 나를 연단할 정금으로 나오기를 기대하십시오.

2. 꿈은 하나님의 약속을 바라보는 것입니다.

"이르시되 네 눈을 들어 보라 양 떼를 탄 숫양은 다 얼룩무늬 있는 것, 점 있는 것과 아롱진 것이니라 라반이 네게 행한 모든 것을 내가 보았노라"(창31:12).

하나님께서 라반의 행위를 모두 보았습니다. 하나님께서는 결국 야곱의 마음속에 하나님의 약속만을 바라보도록 했습니다. 바라보지 않는 사람은 꿈이 없기 때문입니다. 목표가 없기 때문에 쉽게 포기합니다. 꿈이 없으니 목표도 없고 방향도 없습니다. 꿈은 무엇이 되겠다는 목표가 분명해야 합니다. 그가 미래를 바라보는 사람이며 앞을 내다보는 사람입니다. 하나님은 '보라'고 하실 때 '날아가는 새'를 보라 하십니다. 공중을 나는 새를 바라보라고 하셨지, 가지에 앉아 졸고 있는 새를 보라 하지 않으셨습니다. 공중을 나는 새는 날개를 계속 움직여야 먹이도 구할 수 있습니다.

야곱과 라반의 모습을 보십시오. 품값을 정하는 라반은 이제 얼룩 있고 점 있는 것을 야곱의 것으로 정합니다. 지금도 양에게 점이나 얼룩진 것은 거의 없습니다. 이런 양들은 약하고 힘이 없습니다. 라반은 태어날 확률도 낮고 약한 것으로 야곱의 품삯을 주겠다는 것입니다. 하지만 야곱은 포기하지 않고 그것이 하나님이 자신에게 준 기회라면 지혜를 달라고 하나님께 다시 기도합니다.

"그 양 떼가 새끼 밸 때에 내가 꿈에 눈을 들어 보니 양 떼를 탄 숫양은 다 얼룩무늬 있는 것과 점 있는 것과 아롱진 것이었더라 꿈에 하나님의 사자가 내게 말씀하시기를 야곱아 하기로 내가 대답하기를 여기 있나이다 하매 이르시되 네 눈을 들어 보라 양 떼를 탄 숫양은 다 얼룩무늬 있는 것, 점 있는 것과 아롱진 것이니라 라반이 네게 행한 모든 것을 내가 보았노라"(창31:10~12).

하나님의 약속의 말씀을 근거로 지혜를 구했습니다. 그는 물가에 버드나무와 신풍나무의 가지 껍질을 벗기고 물가에서 튼튼한 양들이 물을 마실 때 그 가지를 물가에 꽂아 얼룩얼룩한 물살을 보며 양들이 물을 마시게 하고는 하나님께 간절히 기도합니다.

"하나님 아버지, 튼튼한 양들이 얼룩얼룩한 것, 점 있는 것으로 태어나게 해 주세요."

바라는 것이 현실이 되었습니다. 하나님이 그에게 주신 약속을 바라보면서 얼룩 있고 점 있는 튼튼한 양이 많이 나오기를 기도한 것이 이루어졌습니다.

그리고 하나님이 다시 말씀하십니다.

"나는 벧엘의 하나님이라 네가 거기서 기둥에 기름을 붓고 거기서 내게 서원하였으니 지금 일어나 이 곳을 떠나서 네 출생지로 돌아가라 하셨느니라"(창31:13).

'벧엘의 하나님'이라 하십니다. 하늘의 문이 열리고 하나님의 응답을 들었던 벧엘입니다. 하나님의 성전을 붙잡고 기름을 붓고 성령에 충만하여 눈물로 기도했던 곳, 서원 기도했던 곳, 예물이 없어 눈물로 기도하며 빈 봉투와 함께 서원했던 곳입니다. 하나님께 서원했던 야곱처럼 하나님을 바라볼 때 주 안에서 성취됩니다.

산모가 아기를 가질 때 매일 성경을 읽어주며 어떤 사람으로 자랄지 마음으로 그릴 때 그 아이가 세계를 움직이는 사람으로 자라납니다. 벧엘의 하나님은 약속을 지키시는 하나님이십니다. 꿈은 역경 중에도 하나님의 약속을 바라보게 합니다. 예배를 드리며 하나님의 약속을 바라보십시오. 모세는 지팡이 끝으로 홍해가 갈라지는 것을 바라보았습니다. 엘리야는 손바닥만 한 구름 조각을 통해 삼년 반의 가뭄 끝에 내리는 비를 바라보았습니다. 아브라함은 바랄 수 없는 중에 바라보았습니다. 신앙은 안 되는 것처럼 보이고 불가능한 것처럼 보이지만 주님은 하게 하심을 바라보는 것입니다.

"믿음은 바라는 것들의 실상이요 보이지 않는 것들의 증거니"(히 11:1).

꿈은 하나님의 약속을 바라보는 것입니다. 야곱은 20년 전 벧엘에서 말씀하셨던 하나님의 약속을 붙잡았습니다. 하나님을 의지할 때 그 말씀은 성취됩니다.

3. 꿈은 땀 흘리는 것도 즐겁게 합니다.

"내가 이와 같이 낮에는 더위와 밤에는 추위를 무릅쓰고 눈 붙일 겨를도 없이 지냈나이다"(창31:40).

야곱이 얼마나 열심히 일을 했는지 낮과 밤을 가리지 않고 눈 붙일 겨를도 없이 20년 동안 일을 했습니다.

"내가 이 이십 년을 외삼촌과 함께 하였거니와 외삼촌의 암양들이나 암염소들이 낙태하지 아니하였고 또 외삼촌의 양 떼의 숫양을 내가 먹지 아니하였으며 물려 찢긴 것은 내가 외삼촌에게로 가져가지 아니하고 낮에 도둑을 맞았든지 밤에 도둑을 맞았든지 외삼촌이 그것을 내 손에서 찾았으므로 내가 스스로 그것을 보충하였으며"(창 31:38~39).

얼마나 조심스럽게 양을 다루었는지 낙태한 암염소나 암양이 한 마리도 없었고, 외삼촌의 눈을 적당히 속이거나 게으름피우지 않고 성실하게 일하였는지 알 수 있습니다.

두 일꾼이 일 년 동안 일하고 세경을 받는 날이 되었을 때 주인이 하룻밤만 더 일을 해 달라고 합니다. 새끼줄을 가늘게 꼬아 달라고 하는데 한 명은 이왕 하는 거 마지막까지 잘 하자는 마음으로 성실하게 새끼줄을 꼬는데 한 명은 기한도 끝났는데 일을 시킨다고 툴툴거리며 대충 새끼줄을 꼽니다. 다음날 아침, 주인이 엽전을 큰 자루에 가득 담아서 어젯밤 꼰 새끼줄에 꿰어 가라 합니다. 성실한 종은 촘촘히 꿰어갔지만 툴툴거리며 대충 만든 종은 엽전 한 개도 꿰어가지 못했습니다. 하나님은 성실하고 정직한 사람을 축복하십니다.

야곱은 밤낮을 가리지 않고 일을 했지만 지친 내색이 없습니다. 꿈이 있는 사람은 땀을 흘리면서도 기뻐합니다. 지금은 땀과 눈물을 흘리지만 내일의 희망이 있기 때문에 아름다운 씨앗을 심을 수 있습니다. 주의 일도 즐기면서 하는 사람이 있는가 하면 억지로 하는 사람이 있습니다. 교역자가 하나님의 일을 즐길 때 그의 일은 사명이 됩니다. 억지로 한다면 고역(古驛)일 뿐입니다. 꿈이 없는 사람은 쉽게 지칩니다. 내게 주어진 일에 감사하십시오. 지치지 않는 꿈, 변치 않는 열정으로 일하십시오. 하나님은 꿈을 소유한 자를 통해 일하십니다. 하나님은 말씀 중에 꿈을 주십니다. 꿈이 있는 백성은 흥합니다. 꿈이 있기 때문에 땀을 흘려도 즐겁습니다.

1991년 일본 아오모리 현에 태풍이 불어 과수원의 사과들이 모두 떨어졌습니다. 태풍 피해로 모든 농부들이 낙심하고 있을 때 한 농부가 떨어지지 않는 몇 개의 사과를 두고 신문에 광고를 냈습니다.

"풍속 53.9의 강풍에도 절대 떨어지지 않은 사과! 절대 떨어지지 않은 행운의 사과!"

수험생을 둔 가정에서 이 사과를 시세보다 열 배나 비싼 가격에 사갔습니다. 실제로 이 사과가 얼마나 맛이 있는지 이 사과가 이때부터 유명해지고 아오모리 현의 사과농장은 그 때부터 활기를 띠기 시작했습니다.

90%의 사람들이 낙심해 있을 때도 지혜 있는 사람은 일어납니다. 역경도 도전하는 사람에게는 기회가 됩니다. 다시 일어나는 역사가 있습니다. 일어나는 사람은 승리합니다. 빛을 발하는 사람이 쓰임 받습니다. 남에게 영향을 줍니다. 연어는 폭포를 치고 올라갑니다. 성경은 머리가 좋은 사람이 성공하는 것이 아니라 역경지수가 높은 사람이 성공한다고 말합니다. 오뚝이처럼 일어나십시오.

동양화가인 성태훈씨는 그림을 그리다가 낙심해 있을 때 고흐가 해바라기를 그리며 용기를 얻게 되었던 것에 착안하여 날개가 퇴화되어 날지 못하는 닭을 날아가는 닭으로 그리고 '날아라 닭'이라는 작품들로 성태훈 전(展)을 열었습니다. 본래는 날지 못하는데 급할 때는 지붕위로 올라가는 닭을 보고 그 때부터 닭이 나는 모습을 그려서 전시회를 가진 것입니다.

"소망의 하나님이 모든 기쁨과 평강을 믿음 안에서 너희에게 충만하게 하사 성령의 능력으로 소망이 넘치게 하시기를 원하노라"(롬 15:13).

우리에게 파도처럼 밀려오는 역경을 무서워하지 않는 역경지수가 높아질수록 성공적인 인생을 살게 됩니다. 주의 말씀을 붙잡고 성령의 능력으로 상황을 극복해 가기를 축원합니다. 주님을 의지하십시오. 주님을 가까이 하세요. 주님을 붙잡고 나가면 다 승리합니다. 야곱은 20년 동안 눈 붙일 겨를도 없이 끝도 없는 절망 속에서도 주님의 약속의 말씀을 붙잡고 승리했습니다.

'하나님 아버지, 내 힘으로는 할 수 없어 주저앉을 수밖에 없지만 나를 도우소서. 벧엘의 하나님이라고 말씀하신 하나님, 넓은 사막에서 기둥에 기름을 붓고 서원했던 벧엘의 하나님을 의지하여 일어난 야곱과 같은 믿음으로 일어나게 하옵소서. 주여! 나를 도우소서.'

4. 이 시대 고난극복 방법

‖ 약 5:7~11 ‖

⁷그러므로 형제들아 주께서 강림하시기까지 길이 참으라 보라 농부가 땅에서 나는 귀한 열매를 바라고 길이 참아 이른 비와 늦은 비를 기다리나니 ⁸너희도 길이 참고 마음을 굳건하게 하라 주의 강림이 가까우니라 ⁹형제들아 서로 원망하지 말라 그리하여야 심판을 면하리라 보라 심판주가 문 밖에 서 계시니라 ¹⁰형제들아 주의 이름으로 말한 선지자들을 고난과 오래 참음의 본으로 삼으라 ¹¹보라 인내하는 자를 우리가 복되다 하나니 너희가 욥의 인내를 들었고 주께서 주신 결말을 보았거니와 주는 가장 자비하시고 긍휼히 여기시는 이시니라

지금 이 시대는 캄캄한 고난의 터널을 통과하고 있습니다. 가정적으로, 교회적으로, 나라와 민족, 지구촌 전체가 고난의 시대를 통과하고 있습니다. 어떻게 하면 이 고난을 잘 이겨낼 수 있을까요? 그 모델을 성경에서 찾아야 합니다. 우리가 개인적으로도 어떤 사람을 자신의 롤 모델로 정하고 따라가려고 합니다. 손녀가 언제나 책을 보고 있고 열심히 공부하고 있길래 꿈이 무엇이냐 물었습니다. 아이가 파일럿이 되어 나중에는 항공기를 운항하고 싶다고 대답합니다. 그래서 얼른 인터넷에 들어가서 비행사가 되는 길을 검색해봤습니다. 2가지의 방법이 있는데 하나는 공군사관학교 항공과에 들어가는 것인데 여성의 경우 2천대 1의 입학경쟁률이 있었습니다. 그래서 공부해야 하는 과목을 찾아서 아이에게 알려주고 여성 공군사관생도의 모습도 찾아서 보여주고 조은정씨의 '스물아홉의 꿈 서른아홉의 비

행'라는 책도 알려 주었습니다. 공군사관학교의 사진을 책상 위에 붙여놓고 열심히 공부하고 기도하라고 격려해 주었습니다. 그러자 며칠 후 손녀에게서 할아버지가 알려주신 책을 사서 읽고 있다고 메시지가 왔습니다. 사람에게 꿈이 있다면 모델도 있습니다. 미국의 빌 클린턴 전 대통령은 자신의 롤 모델이 케네디 대통령이었습니다. 클린턴 대통령이 어린 시절 케네디 대통령과 손을 잡고 악수를 한 적이 있었는데 그때 자신도 대통령이 되겠다고 다짐했다고 합니다.

   우리는 누구를, 무엇을 모델로 삼고 살아가야 할까요? 본문의 야고보서 5장에는 3명의 모델 농부, 선지자, 욥이 나옵니다. 이들의 공통점은 그 시대를 이겨나가면서 고난의 터널을 통과하여 승리했다는 것입니다. 벤자민 프랭클린((Benjamin Franklin, 1706~1790)은 인내를 가진 자는 승리한다고 말했습니다. 옛말에 왕이 인내를 하면 국가가 편안하고 관리가 인내하면 지위가 높아지고 부부가 인내하면 한 평생 해로하고 자신에 대해 인내하고 나가면 재앙을 피한다고 했습니다. 사람이 인내하지 못하고 참지 못해서 분노가 폭발하고 감정을 터뜨리면 나중에 몹시 후회할 날이 옵니다. 그것으로 인해 자신의 인생에 상처를 받게 될 수도 있습니다. 힘들고 어려운 시대를 살고 있지만 하나님이 우리에게 주신 꿈을 가지고 인내함으로 이 고난을 잘 통과해서 승리하기 바랍니다. 인내의 3가지 모델에 대해 알아보겠습니다.

1. 수고 속에 기다리는 농부

"그러므로 형제들아 주께서 강림하시기까지 길이 참으라 보라 농부가 땅에서 나는 귀한 열매를 바라고 길이 참아 이른 비와 늦은 비를 기다리나니 너희도 길이 참고 마음을 굳건하게 하라 주의 강림이 가까우니라"(약5:7~8).

'길이 참다'라는 말이 3번 반복해서 나옵니다. 가뭄으로 인해 농작물이 말라가고 땅이 갈라지는 것을 보고 농부가 어떻게 해서든지 물을 끌어올 방법을 간구합니다. 왜 그렇습니까? 가뭄이 끝날 것을 농부가 알기 때문입니다. 반드시 열매를 맺어 추수할 날이 올 것을 믿기 때문입니다. 농부는 아무리 가물어도 아무리 폭풍우가 몰아쳐도 이 고난을 잘 참고 견디면 결실을 맺는다는 최종적인 결과를 이미 알고 있습니다. 결과를 알고 있는 사람과 결과를 알지 못하는 사람의 차이는 무엇입니까? 결과를 이미 알고 있는 사람은 결과를 알고 있기에 어떤 어려움도 참아낼 수 있습니다. 그래서 농부는 농작물이 말라가는 것을 보고 애를 태우면서도 더욱 노력하고 어떤 방법이든지 물을 대고 수고하는 것입니다. 이스라엘 민족이 이른 비가 언제 올까, 늦은 비가 언제 올까 그것을 기다리며 최선을 다하는 것처럼 우리 개인도 마찬가지입니다. 어떤 사업이든, 가정의 일이든, 기도의 응답을 바라면서도 우리는 이미 최후의 결말을 알고 있습니다. 하나님은 그때그때 피할 길을 주시고 반드시 응답해주신다는 것입니다.

"그러므로 여러분이여 안심하라 나는 내게 말씀하신 그대로 되리라고 하나님을 믿노라"(행27:25).

사도 바울은 하나님이 자신과 함께 배에 탄 모든 사람들이 안전할 것이라고 말씀하신 것을 믿기 때문에 당당하게 선포할 수 있었습니다.

"너희는 알지 못하는 것을 예배하고 우리는 아는 것을 예배하노니 이는 구원이 유대인에게서 남이라"(요4:22).

우리는 전능하신 하나님, 응답하시는 하나님을 알고 예배하는 것입니다. 예배를 드리는 장소는 다를 수 있지만 드리는 그 곳에서 하나님은 전지전능하시고 무소부재하시고 하나님의 자녀를 사랑하시며 품어주신다는 것을 믿으시기 바랍니다.

"우리가 세상의 영을 받지 아니하고 오직 하나님으로부터 온 영을 받았으니 이는 우리로 하여금 하나님께서 우리에게 은혜로 주신 것들을 알게 하려 하심이라"(고전2:12).

"주께서 너희 마음을 인도하여 하나님의 사랑과 그리스도의 인내에 들어가게 하시기를 원하노라"(살후3:5).

어느 수도원에 수련을 하러 온 수도사들이 한 달 있다가 떠나고, 두 달 있다가 떠나는 것을 보고 떠나지 말라고 붙잡았으나 떠납니다. 한 수도사가 원장님을 찾아가 왜 저들이 수도원을 떠나느냐 물었습니다. 그러자 원장님이 말하기를 한 사냥꾼이 많은 사냥개들을 데리고 사냥을 나갔는데 토끼 한 마리를 발견하게 되었고 그 토끼를 본 사냥개는 끝까지 토끼를 쫓아가는데 토끼는 보지 못하고 다른 사냥개가 뛰니까 그냥 같이 뛴 사냥개는 얼마 못 가서 쫓아가기를 포기했다고 하면서 수도사가 수도를 하러 왔을 때 하나님이 역사하시고 분명한 목표가 있고 분명한 하나님의 응답이 있다고 믿는 사람은 소망을 포기하지 않는 것이라고 합니다.

부흥회를 갔을 때 그 교회의 목사님께 들은 이야기입니다. 변집사라는 분이 딸이 셋이 있는데 극성스런 시부모가 아들을 꼭 낳으라고 해서 결국 넷째를 가졌고 낳고 보니 아들이었습니다. 모두들 기뻐하고 있는데 그 아들의 성기가 안쪽으로 들어가 있는 것입니다. 걱정이 되어 의사에게 물었더니 4살 정도 되었을 때 수술을 하자고 해서 4살이 되기를 기다렸습니다. 그리고 4살이 되었을 때 수술비 100만원을 빌려서 수술을 하려고 하는데 그날 마침 교회에 부흥회가 열려서 변집사는 부흥회를 참석하고 수술을 하러 가야겠다고 생각했습니다. 시간 시간 말씀을 듣다보니 '그래, 하나님은 응답하시는 하나님인데'라는 마음이 들어서 수술비용을 하나님께 드리고 기도해서 응답을 받아야겠다고 마음먹었습니다. 헌금을 하고 기도제목을 써서 내었더니 강사목사님이 매 시간 안수기도를 해주십니다. 부흥회가 끝났는데 아들에게서는 아무런 변화가 생기지 않았습니다. 목사님께 말씀드렸더니 새벽에 응답하시는 하나님이시니 새벽기도를 한 달만 열심히 해보라고 합니다. 그래서 평생 새벽기도는 모르고 살았던 변집사가 새벽기도를 시작합니다. 매일 새벽기도가 끝나면 변집사는 집에 가서 아들의 속옷을 들추어 확인을 했습니다. 하지만 한 달이 끝났는데 아들에게서는 아무런 변화도 없습니다. 결국 목사님께 한 달을 새벽기도 했지만 아무런 응답이 없다고 말했습니다. 그때 목사님이 농부가 씨를 뿌리고 난 후에는 그것이 싹이 날 때까지 기다려야하는데 씨를 뿌렸다고 싹이 나는지 안 나는지 매일 흙을 들춰보면 싹이 나겠느냐고 물으시면서 석 달 동안 새벽기도를 더 하라고 말합니다. 더 이상 아들의 속옷을 들추며 확인하지 않고 열심히 석 달을 새벽기도 했습니다. 총 넉 달을 새벽기도를 열심히 하고 난 변집사가 아들을 보니 성기가 밖으로 빠져나와있었습니다. 목사님을 찾아가 기도가 응답되었다고 말하면서 하나님의 역사하심이 정말 놀라운 것이 만일 부흥회기간에 응답이 되었다면 새벽기도가 무엇인지도 몰랐을 것이고, 새벽기도 한 달 만에 응답이 되었다면 새벽기도를 그만 두고 말았을 것인데 이제는 새벽기도를 넉 달 동안 하는 바람에 새벽기도 체질이 되었다고 하나님께 감사한다고 합니다.

지금도 하나님은 우리의 기도에 응답하십니다. 농부의 인내를 가지고 끝까지 기도하면 반드시 승리합니다.

2. 박해를 참아내는 선지자

"형제들아 주의 이름으로 말한 선지자들을 고난과 오래 참음의 본으로 삼으라"(약5:10).

선지자는 늘 고난을 직면합니다. 우리들은 항상 문제들과 직면합니다. 삶 자체가 늘 고난과 직면합니다. 40년의 광야생활을 지나 요단강을 건너온 이스라엘 백성들 앞에 난공불락의 여리고 성이 버티고 있습니다.

"믿음으로 칠 일 동안 여리고를 도니 성이 무너졌으며"(히11:30).

여리고 성을 6일 동안 하루에 한 바퀴씩 돌고 7일에는 7바퀴를 돌았습니다. 총 13바퀴를 돌았는데 하루에 조금씩 성이 무너지는 모습이 보였다면 누가 안돌겠습니까? 하지만 13바퀴를 다 돌고 난 후 하나님의 말씀대로 부르짖어 외칠 때 성이 와르르 무너졌습니다. 우리 앞에 고난이 있을 때 그 고난을 이겨낼 수 있는 것은 믿음으로 끝까지 참아내는 것입니다. 선지자들은 하나님의 말씀을 받고 그 시대에 앞서가는 자들입니다. 국가적인 고난을 당했을 때 하나님 말씀대로 살지 않았던 백성들에게 하나님 앞에 회개하고 돌아와야 하나님이 고쳐주신다고 외칩니다. 하지만 백성들은 이것을 받아들이지 못하고 자신의 불의와 죄악을 지적하는 선지자들을 박해했습니다. 돌을 던지고 감옥에 가두고 공동체에서 소외시키고 비난합니다. 하나님의 말씀을 그대로 선포하는 선지자의 일생은 그야말로 고난의 일생입니다. 저는 목회가 바로 선지자의 자세로 외치는 것이라고 생각합니다. 하나님 앞에 바로 서지 못하고 돌아오지 못하면 하나님께서 그 심판의 저주의 채찍을 멈추지 않으시니 하나님께 돌아와야 한다고 외치는 것이 바로 목회자의 자세요 이것이 선지자의 강령의 모습입니다.

"무릇 그리스도 예수 안에서 경건하게 살고자 하는 자는 박해를 받으리라"(딤후3:12).

경건하게 살고자 하는 사람들을 악한 세력은 고고한 척, 똑똑한 척, 잘난 척 한다며 그들을 헐뜯고 끌어내려 망치게 만들려고 합니다. 하지만 선지자들은 그들의 박해에도 굴하지 않고 끝까지 하나님의 말씀을 가지고 그 말씀을 따라 삽니다. 지금을 살아가는 우리들도 온갖 박해를 받고 어려움을 당합니다. 하지만 이런 고난의 터널에서 선지자의 자세로 승리하며 살아가야 합니다.

여름에 태풍이 몰려오면 사람들이 고통을 당합니다. 하지만 며칠만 지나면 태풍은 소멸되어 버립니다. 조금 있다가 또 다른 태풍이 몰려와 전전긍긍하지만 그 태풍도 며칠 동안만 잘 견디면 사라져버립니다. 이 세상 고난도 마찬가지입니다. 이 고난이 끝까지 가는 것이 아닙니다. 반드시 고난의 끝이 있습니다. 고난 중에 하나님의 은혜를 붙잡고 기도로 끝까지 견뎌낸 성도는 반드시 승리합니다.

"나로 말미암아 너희를 욕하고 박해하고 거짓으로 너희를 거슬러 모든 악한 말을 할 때에는 너희에게 복이 있나니 기뻐하고 즐거워하라 하늘에서 너희의 상이 큼이라 너희 전에 있던 선지자들도 이같이 박해하였느니라"(마5:11~12).

"사도들은 그 이름을 위하여 능욕 받는 일에 합당한 자로 여기심을 기뻐하시면서 공회 앞을 떠나니라"(행5:41).

어느 선배 목사님이 이런 말을 했습니다. 어느 교회에서건 10년을 목회했으면 그 앞에서 고개를 들지 말라, 어느 교회에서건 20년을 목회했다면 그 앞에 무릎을 꿇어라, 어느 교회에서건 30년을 목회했으면 그 분은 너무 존경스러워서 똑바로 쳐다볼 수 없다고 말했습니다. 목사님들이 선교를 위해 태국에 갔다가 하루 관광을 하게 되었습니다. 코끼리 쇼를 보러 갔는데 조련사가 말하기를 코끼리가 눈물을 흘리게 하는 분에게 100달러를 주겠다고 합니다. 그러자 한 목사님이 코끼리에게 다가가서 귀에다 뭐라고 하자 그 코끼리가 눈물을 흘립니다. 조련사가 100달러를 주면서 뭐라고 했느냐 물으니 목사님이 '내가 개척교회 목사다'라고 했다고 말합니다. 이번에는 조련사가 코끼리가 고개를 절레절레 흔들게 하면 100달러를 주고 흔들지 않으면 100달러를 내야 한다고 합니다. 그러자 한 목사님이 코끼리에게 가서 귀에 대고 뭐라고 말하자 코끼리가 고개를 절레절레 흔듭니다. 조련사가 그 목사님에게 100달러를 주면서 뭐라고 했길래 코끼리가 고개를 흔드냐고 물으니 코끼리에게 '너 나와 함께 개척교회 하자'고 했다고 대답합니다. 왜 이런 우스꽝스러운 얘기가 나올까요? 하나님을 섬기고 믿음을 지키고 신앙으로 가는 길이 얼마나 힘든가를 보여주는 이야기입니다. 신앙생활에 위기를 당하는 것이 얼마나 많습니까? 그러나 잘 견디고 잘 이겨내서 승리자가 되길 바랍니다.

"우리가 선을 행하되 낙심하지 말지니 포기하지 아니하면 때가 이르매 거두리라"(갈6:9).

3. 끝을 알 수 없는 고난에서 결말을 본 욥

"보라 인내하는 자를 우리가 복되다 하나니 너희가 욥의 인내를 들었고 주께서 주신 결말을 보았거니와 주는 가장 자비하시고 긍휼히 여기시는 이시니라"(약5:11).

욥은 온전하고 정직하여 하나님을 경외하며 악에 떠난 사람으로 동방의 부자였습니다. 그런데 하루아침에 날벼락이 떨어집니다. 자녀 10남매가 한꺼번에 죽고 자신이 가진 재물이 모두 사라지고 자신의 몸에는 병이 들어 비참한 지경입니다.

"그의 아내가 그에게 이르되 당신이 그래도 자기의 온전함을 굳게 지키느냐 하나님을 욕하고 죽으라"(욥2:9).

아내가 이런 말을 할 정도로 욥에게는 더 이상 희망이 없습니다. 재기 가능성도 없고 완전히 끝난 것입니다. 하지만 욥은 그렇게 생각하지 않았습니다.

"욥이 일어나 겉옷을 찢고 머리털을 밀고 땅에 엎드려 예배하며 이르되 내가 모태에서 알몸으로 나왔사온즉 또한 알몸이 그리로 돌아가올지라 주신 이도 여호와시오 거두신 이도 여호와시오니 여호와의 이름이 찬송을 받으실지니이다 하고 이 모든 일에 욥이 범죄하지 아니하고 하나님을 향하여 원망하지 아니하니라"(욥1:20~22).

우리가 아무리 힘이 들고 어려워도 하나님을 원망하거나 떠나지 말고 욥과 같이 하나님을 예배하는데 전념을 다하시기 바랍니다. 악한 마귀는 우리를 고통의 심연 속으로 몰아넣고 추락시키려 합니다. 하지만 결론은 끝까지 버티면 반드시 승리합니다. 우리 신앙인은 절대로 이기게 되어 있습니다. 사람들이 자신의 힘으로, 자신의 능력으로, 자신의 권력으로 해보려고 하지만 절대 그렇게 해서는 되지 않습니다.

"여호와께서 집을 세우지 아니하시면 세우는 자의 수고가 헛되며 여호와께서 성을 지키지 아니하시면 파수꾼의 깨어 있음이 헛되도다 너희가 일찍이 일어나고 늦게 누우며 수고의 떡을 먹음이 헛되도다…"(시127:1~2).

결국 하나님이 물리쳐주시고 이기게 해 주셔야 합니다. 코로나 19 사태도 예수님이 물리쳐주셔야 합니다. 창조주 하나님께서 물리쳐 주셔야 끝나는 것입니다. 물론 백신과 치료약은 개발해야 합니다. 그러나 종국적인 것은 제2의 코로나, 제3의 코로나, 제4의 코로나가 얼마든지 나타날 수 있습니다. 문제는 우리가 너무 범죄하고 타락했습니다. 인간이 최고라고 하는 이 시대가 회개해야 합니다.

"너희는 여호와를 만날 만한 때에 찾으라 가까이 계실 때에 그를 부르라 악인은 그의 길을 불의한 자는 그의 생각을 버리고 여호와께로 돌아오라 그리하면 그가 긍휼히 여기시리라 우리 하나님께로 돌아오라 그가 너그럽게 용서하시리라"(사55:6~7).

어느 부모든지 자녀를 고생시키는 것은 부모의 뜻이 아닙니다. 그러나 자녀들이 고생을 통과해야, 바른 진리의 말씀으로 통과해야 강인한 인격으로 자라날 수 있습니다. 부모는 이것을 원하는 것입니다. 성도들이 하나님의 진리의 말씀으로 강하게 훈련받아야 하나님의 사랑받는 귀한 영적 자녀가 될 것입니다. 운동선수들에게 육체의 한계를 넘어서는 혹독한 훈련을 왜 시킵니까? 그래야 근육이 발달하고 힘이 강해지는 것입니다. 하나님의 자녀들이 영적인 근육이 발달하고 영적인 힘이 강해지도록 하기 위해서 때로는 이런 고통을 하나님께서 허락하신 것을 믿으시기 바랍니다.

"내 형제들아 너희가 여러 가지 시험을 당하거든 온전히 기쁘게 여기라 이는 너희 믿음의 시련이 인내를 만들어 내는 줄 너희가 앎이라 인내를 온전히 이루라 이는 너희로 온전하고 구비하여 조금도 부족함이 없게 하려 함이라"(약1:2~4).

"두려워하지 말라 내가 너와 함께 함이라 놀라지 말라 나는 네 하나님이 됨이라 내가 너를 굳세게 하리라 참으로 너를 도와주리라 참으로 나의 의로운 오른손으로 너를 붙들리라"(사41:10).

우리의 육체는 밥을 먹어야 살 수 있습니다. 마찬가지로 우리의 영혼은 하나님의 말씀을 들어야 영적인 밥, 믿음의 밥, 영혼의 양식을 먹고 건강해질 수 있습니다.

"그러므로 믿음은 들음에서 나며 들음은 그리스도의 말씀으로 말미암았느니라"(롬10:17).

"예수께서 대답하여 이르시되 기록되었으되 사람이 떡으로만 살 것이 아니요 하나님의 입으로부터 나오는 모든 말씀으로 살 것이라 하였느니라 하시니"(마4:4).

우리는 하나님의 말씀을 받아먹어야 살 수 있습니다. 그리고 어려운 때에 감사생활을 해야 합니다. 더욱더 감사해야 합니다.

"감사로 제사를 드리는 자가 나를 영화롭게 하나니 그의 행위를 옳게 하는 자에게 내가 하나님의 구원을 보이리라"(시50:23).

"우리가 알거니와 하나님을 사랑하는 자 곧 그의 뜻대로 부르심을 입은 자들에게는 모든 것이 합력하여 선을 이루느니라"(롬8:28).

서양에서는 시집을 가는 딸에게 엄마가 진주를 선물하는 풍습이 있다고 합니다. 진주가 가진 다른 별명은 얼어붙은 눈물입니다. 진주가 왜 눈물의 보석일까요? 시집을 가면 많은 고통이 있겠지만 그 고통으로 인한 눈물이 보석처럼 빛이 나길 바라는 마음에 친정엄마가 딸에게 주는 것입니다. 진주는 조개 안으로 모래알이 들어와서 그 고통을 견뎌내기 위해 '라카'라는 물질을 내뿜어서 그 모래알을 감싸고 감싸서 만들어지는 것입니다. 하지만 조개 안으로 모래알이 들어왔을 때 될 대로 되라고 모래알을 방치하면 결국에 그것으로 인해 조개는 썩어버리고 맙니다. 고통이 올 때, 고난과 시련이 올 때 될 대로 되라며 썩어버리는 인생이 될 것인가 아니면 믿음으로 말씀으로 찬양으로 이겨나가는 진주와 같은 성도가 될 것인가 우리는 선택해야 합니다.

지금 모든 상황을 보면 주님의 강림이 임박한 때입니다. 이럴 때 우리는 기도해야 합니다.

"이것들을 증언하신 이가 이르시되 내가 진실로 속히 오리라 아멘 주 예수여 오시옵소서"(계22:20).

오래된 건물에 사용되는 목재는 아주 오랜 기간 동안 고난을 겪은 나무들입니다. 이 나무들을 사용해서 집을 짓는 목수를 고궁목이라고 합니다. 천년을 썩지 않고 견뎌낸 나무를 가지고 집을 지어야 다시 천년을 지낼 수 있습니다. 5년짜리, 10년짜리 나무로는 천년을 견디는 집을 지을 수 없습니다. 우리의 심령 속에 얼마나 많은 인내를 가지고 이 시련을 통과하며 이길까요? 마라톤은 42.195킬로미터를 달리는 운동경기입니다. 마라톤 선수들이 30킬로미터까지는 대체로 잘 달린다고 합니다. 마라톤에서 완주를 결정짓는 구간은 바로 나머지 12.195킬로미터 구간입니다. 권투선수들의 가장 약점이 바로 복부입니다. 복부에 치명타를 입으면 내장의 고통을 견딜 수가 없다고 합니다. 그래서 권투선수들은 볼링공을 복부에 내리치며 복부를 강하게 훈련합니다. 우리는 믿음의 경주를 하는 예수 그리스도의 십자가의 군병들입니다. 십자가의 군병들은 반드시 주님은 우리와 함께 하시고 승리한다는 이 믿음이 되어야 합니다. 농부처럼, 선지자처럼, 욥처럼 참고 또 참아 이 고난의 터널에서 다 승리하는 믿음이 되길 바랍니다.

5. 환난은 또 다른 축복이다

‖ 시 50:14~15 ‖
¹⁴감사로 하나님께 제사를 드리며 지존하신 이에게 네 서원을 갚으며 ¹⁵환난 날에 나를 부르라 내가 너를 건지리니 네가 나를 영화롭게 하리로다

환난(患難)은 한자로 '근심 환(患)'과 '어려울 난(難)'을 사용합니다. 환난이란 근심과 재난의 총칭인 것입니다.

"다만 이뿐 아니라 우리가 환난 중에도 즐거워하나니 이는 환난은 인내를, 인내는 연단을, 연단은 소망을 이루는 줄 앎이로다"(롬5:3~4).

그러나 성경에서는 환난 중에도 즐거워하라고 말씀합니다. 어떻게 이럴 수 있습니까? 우리가 이 시대에 근심과 싸워 이기는 방법을 알지 못한다면 실패자가 됩니다. 지금은 재난시대입니다. 어떻게 이 어려움을 이겨나갈 수 있을까요?

인생의 성공자와 실패자를 분류하는 기준이 있습니다. 일을 하면 기분이 좋아지는 사람이 있고 기분이 좋아야 일하는 사람이 있습니다. 책임이 있기에 일을 하는 사람과 자기의 기분이 내켜야 일을 하는 사람이 있습니다. 믿음의 눈을 가지고 일을 하는 사람과 다 된 것을 눈으로 봐야만 일하는 사람이 있습니다. 열정과 추진력으로 일하

는 사람과 누군가 추진력을 주어야 일하는 사람, 또 주인의식을 가지고 일하는 사람과 그 일을 하는데 변명거리가 많고 책임감이 없는 사람이 있습니다. 문제가 생겨도 기어이 극복하려고 고민하는 사람과 문제 앞에서 포기해버리는 사람이 있습니다. 한결같은 사람이 있는가 하면 조변석개와 같이 변화가 많은 사람도 있습니다. 성공자는 목표만을 바라봅니다. 그 목표 속에 하나님의 영광과 뜻이 있으니 달려가는 것입니다. 그러나 대부분의 사람들은 문제만을 바라봅니다. 우리의 삶에는 어려움, 환난, 고난이 항상 있습니다. 그것에 대처하는 우리의 태도여부가 우리 인생을 결정하게 됩니다. 우리 인생길에 순탄한 일만 있으면 얼마나 좋을까요? 하지만 시련이 오게 되어 있습니다. 사람을 한자어로 쓰면 '인(人)'인데 서로가 기대는 모양, 받쳐 주는 모양입니다. 사람은 혼자서는 설 수 없기 때문입니다. 그래서 도움을 요청할 때가 있습니다. 지식을 가진 사람에게 물어보고 정보를 가지고 있는 사람에게 물어봅니다. 돈이 있거나 힘이 있는 사람, 권력이 있는 사람에게 도움을 요청합니다. 하지만 쉽게 나의 요청을 들어주는 사람은 많지 않습니다. 대부분 거절당합니다. 그러면 창피하고 섭섭하고 내 자신이 초라해 보입니다. 그러면서 현실은 절망적이기 때문에 열등감에 빠지고 우울증이 겹칩니다. 하지만 믿음의 사람들은 다릅니다. 전능하신 하나님을 바라봅니다.

"환난 날에 나를 부르라 내가 너를 건지리니 네가 나를 영화롭게 하리로다"(시50:15).

우리에게 어떤 어려움이 있어도 하나님은 우리에게 신비한 기도의 약속을 하셨습니다. 본문에서 기도의 3단계에 대해서 알려줍니다. 1단계는 서론으로 '환난 날에 나를 부르라' 2단계는 본론으로 '내가 너를 건지리라' 3단계는 결론으로 '네가 나를 영화롭게 하리로다' 입니다. 부르짖고 응답받아 하나님의 영광을 나타내는 것, 이것을 '기도의 신학'이라고 부릅니다. 그래서 우리는 반드시 기도해야 합니다. 왜냐면 하나님은 반드시 응답해주시기 때문입니다.

1. 왜 환난이 오는가

애매한 고난이 있습니다. 전혀 모르고 있다가 애매하게 당하는 고난, 상관이 없이 있다가 억울하게 당하는 고난입니다. 차를 운전하고 가는데 다른 차가 그냥 다가와서 부딪치는 경우, 이웃의 화재로 내 집이나 사업장이 불타는 경우, 악한 사람을 만나서 사업이 부도가 나는 경우는 나의 잘못이 아닌데 이럴 때는 어떻게 할까요?

또 자신의 잘못한 죄로 인해 고난을 당하는 경우가 있습니다. 이스라엘 민족은 하나님의 뜻을 어겼습니다. 하나님의 말씀에 반대방향으로 갈 때 하나님이 심판하셨습니다. 때론 전쟁 속에, 나라의 재앙 속에, 환난 중에 이스라엘 민족은 회개의 기도를 했습니다. 그 때 하나님의 은총을 입게 됩니다. 개인도 마찬가지입니다. 개인도 하나님 앞에 바로서지 못하면 환난이 옵니다. 교만하다가 환난을 당하고 욕심 때문에 환난을 당하고 불신앙적인 일 때문에 환난을 당합니다.

사탄이 역사하는 환난도 있습니다. 지금도 사탄, 마귀, 귀신이 대적들 배후에서 역사해서 괴롭힙니다. 원수 마귀는 지금도 갖가지로 환난을 일으킵니다.

"근신하라 깨어라 너희 대적 마귀가 우는 사자 같이 두루 다니며 삼킬 자를 찾나니 너희는 믿음으로 굳건하게 하여 그를 대적하라 이는 세상에 있는 너희 형제들도 동일한 고난을 당하는 줄을 앎이라"(벧전5:8~9).

여기에서 '삼킬 자'란 깨어있지 못한 자입니다. 야생 동물의 세계에서도 잡아먹히는 동물은 깨어있지 못해서 무리에서 떨어져있거나 무리에서 처져있는 동물입니다. 사탄 마귀도 깨어있지 못해 뒤쳐져 있거나 떨어져있는 자를 찾아다니며 느닷없이 덮쳐버립니다.

믿음을 지키다가 당하는 고난이 있습니다. 믿음으로 살려고 하면 고난은 당할 수밖에 없습니다.

"의를 위하여 박해를 받은 자는 복이 있나니 천국이 그들의 것임이라 나로 말미암아 너희를 욕하고 박해하고 거짓으로 너희를 거슬러 모든 악한 말을 할 때에는 너희에게 복이 있나니 기뻐하고 즐거워하라 하늘에서 너희의 상이 큼이라 너희 전에 있던 선지자들도 이같이 박해하였느니라"(마5:10~12).

의를 위해, 믿음을 위해 박해를 받는 것은 하나님의 뜻이기에 의로운 일임을 알고 피하지 않고 자원해서 환난에 동참하는 것입니다. 이것은 자신의 환난이 하나님의 뜻임을 알고 있는 것입니다. 다니엘과 그의 세 친구가 이런 고난을 받았습니다. 하나님은 알고 계셨고 보고 계셨기에 그들을 보호하셨습니다.

하나님의 영광을 나타내기 위한 고난이 있습니다. 태어나면서부터 맹인 된 사람을 보고 제자들이 예수님께 그가 맹인으로 태어난 것이 누구의 죄로 인한 것이냐 묻습니다.

"예수께서 대답하시되 이 사람이나 그 부모의 죄로 인한 것이 아니라 그에게서 하나님이 하시는 일을 나타내고자 하심이라"(요9:3).
 "이 말씀을 하시고 땅에 침을 뱉어 진흙을 이겨 그의 눈에 바르시고 이르시되 실로암 못에 가서 씻으라 하시니 실로암은 번역하면 보냄을 받았다는 뜻이라 이에 가서 씻고 밝은 눈으로 왔더라"(요9:6~7).
 실로암 못은 예루살렘 성 동문 밖 기드론 골짜기 기혼샘 실로암에 있습니다. 소경이 앞도 보지 못하는데 얼굴에는 진흙을 바르고 더듬거리면서 가는 모습에 사람들이 얼마나 조롱하겠습니까? 가다가 넘어지는 고통을 감수하면서도 그 맹인은 순종했습니다. 씻을 때 그의 눈이 밝아졌습니다. 그의 밝아진 눈은 순종의 응답이었던 것입니다. 실로암의 뜻이 '보내심을 받았다'입니다. 주님의 약속이 있기에 보내심을 받는 곳입니다. 이삭을 번제물로 바친 그 모리아산은 하나님의 약속이 있는 곳입니다. 그래서 하나님은 아브라함에게 '네가 이제야 나를 경외하는 줄을 알았다'고 말씀하셨습니다. 니느웨 성은 요나에게 하나님의 약속이 있는 곳이었습니다. 3일 동안 다녀도 다 못 도는 큰 성 니느웨 성을 요나는 하루만 다니면서 40일이 지나면 이 성이 무너지리라고 외쳤습니다. 이 말을 들은 니느웨 성은 당장에 왕부터 짐승까지 모두 금식을 하고 회개를 합니다. 왜 그랬을까요? 하나님의 약속이 있는 곳이기 때문입니다.
 오늘 우리의 실로암은 어디입니까? 예배를 드리는 바로 이 자리입니다. 하나님의 약속이 있는 곳, 이곳에서 예배드릴 때 하나님의 약속대로 말씀이 이루어지는 자리입니다. 또 나가서 전해야 할 세상의 전도지와 선교지가 바로 하나님의 약속이 있는 곳입니다. '밝은 눈으로 왔더라' 이 말은 주님께 감사하기 위해서 다시 돌아왔다는 뜻입니다.

2. 환난 중에 어떻게 해야 하나?

"환난 날에 나를 부르라 내가 너를 건지리니 네가 나를 영화롭게 하리로다"(시50:15).

'환난 날에 나를 부르라'는 말씀은 기도하라는 뜻입니다. 인간은 누구나 폭풍, 어려움, 고통, 고난이 있습니다. 세상 사람은 그런 속에서 절망합니다. 그러나 믿는 자에게는 하나님의 약속이 있습니다. 믿는 자의 특징은 환난이 있고 재난과 고통이 있어도 하나님께 의지하는 것입니다. 이것이 믿는 자가 나타내는 놀라운 힘입니다.

"하나님은 우리의 피난처시오 힘이시니 환난 중에 만날 큰 도움이시라"(시46:1).

수많은 사람들이 하나님의 큰 도움을 받고 살아계신 하나님을 체험하고 그것을 간증하며 환난보다 크신 하나님을 믿기 때문에 하나님을 의지하여 기도할 때 반드시 승리합니다.

"여호와께서 홍수 때에 좌정하셨음이여 여호와께서 영원하도록 왕으로 좌정하시도다 여호와께서 자기 백성에게 힘을 주심이여 여호와께서 자기 백성에게 평강의 복을 주시리로다"(시29:10~11).

인생의 홍수는 고난을 상징합니다. 인생에 홍수가 나면 다 쓸어나가고 한숨짓게 만들고 눈물짓게 만듭니다. 인생에 홍수가 닥치면 그 시련 앞에 실패와 낭패, 괴로움과 탄식이 있는데 이 홍수를 다스리시는 분은 하나님이십니다. 사람들은 배가 부르면 하나님께 마음문을 열지 않습니다. 그러나 홍수가 닥치면 누구나 하나님 앞에 두 손을 들게 되어 있습니다. 홍수가 닥치면 인간의 힘으로는 할 수 있는 것이 없습니다. 그러나 하나님은 홍수 때에 좌정하고 계십니다. 예수님께 많은 사람들이 몰려왔습니다. 소경 거지 바디매오, 귀신들린 딸을 데리고 온 가나안 여인, 각양 병든 것을 고쳐달라고 사람들이 왔습니다. 10명의 나병환자들이 멀리서 예수님께 고쳐달라고 소리칩니다. 주님께서 그들의 병을 고치시고 응답해 주셨습니다. 영혼을 구원받게 해 주셨습니다. 우리에게 힘을 주시는 하나님, 어떤 경우에도 파도를 견디고 홍수를 견뎌낼 수 있는 힘을 주신다고 약속하셨습니다. 그리스도인들의 특징은 하나님이 말씀하셨고 그 약속의 말씀을 믿으니 반드시 역사는 나타난다는 것입니다.

"주께서 나의 슬픔이 변하여 내게 춤이 되게 하시며 나의 베옷을 벗기고 기쁨으로 띠 띠우셨나이다"(시30:11).

아이들이 잘 놀다가 넘어지면 울음을 터뜨리게 됩니다. 무슨 의미입니까? 엄마에게 자신이 넘어졌으니 잡아서 일으켜달라는 뜻입니다. 우리가 하나님께 부르짖어 기도하는 것은 내가 지금 넘어졌으니 도와달라는 것입니다. 그래서 주님은 우리에게 쉬지 말고 기도하라고 말씀하십니다. 그리고 우리는 기도로 하나님께 가까이 가야 합니다. 하나님을 가까이 하는 사람은 코람데오, 하나님 앞에서 살아가는 것이고 우리는 하나님을 대면하고 살아야 합니다.

"하나님을 가까이하라 그리하면 너희를 가까이하시리라…"(약4:8).

"하나님께 가까이함이 내게 복이라 내가 주 여호와를 나의 피난처로 삼아 주의 모든 행적을 전파하리이다"(시73:28).

환난 때에 우리는 회개기도해야 합니다. 잘못한 것을 회개하고 자복해야 합니다. 개인도 국가도 회개해야 합니다. 지금은 코로나로 인해 비상사태입니다. 인류 재앙의 시대입니다. 우리 모두 회개해야 합니다. 잃어버린 신앙을 회개하고 바른 양심으로 살지 못한 것을 회개해야 합니다. 인간 만세, 인간 최고라고 하는 교만을 회개해야 합니다. 국가도 그리스도인들에게 부탁해야 합니다. 우리가 믿는 하나님께 하루 빨리 코로나가 종식되어 평강의 나라가 되도록 기도해달라고 부탁해야 합니다.

환난 때 성도들은 담대해야 합니다.

"이것을 너희에게 이르는 것은 너희로 내 안에서 평안을 누리가 하려 함이라 세상에서는 너희가 환난을 당하나 담대하라 내가 세상을 이기었노라"(요16:33).

고난 앞에 맥없이 무너지거나 환난에 두려워 떨지 말고 담대하게 하나님 의지해서 살아가기 바랍니다. 예수님이 이기신 것처럼 우리도 이깁니다. 시도 때도 없이 찾아오는 인생의 고난과 역경에 대해 담대해야 합니다. 산 넘어 산, 강 넘어 강, 문제 앞에 또 다른 문제가 찾아와도 우리는 반드시 승리합니다.

"내가 네게 명령한 것이 아니냐 강하고 담대하라 두려워하지 말며 놀라지 말라 내가 어디로 가든지 네 하나님 여호와가 너와 함께 하느니라 하시니라"(수1:9).

3. 환난 중에도 감사를 잃어버리지 말라.

"감사로 하나님께 제사를 드리며 지존하신 이에게 네 서원을 갚으며"(시50:14).

하나님 백성의 최고의 가치는 예배입니다. 하나님은 오늘도 신령과 진정으로 예배하는 자들을 찾으십니다. 이 참된 예배의 중요 정신은 '감사'입니다. 감사가 기반이 되어 있는 예배가 참된 예배입니다. 시편 50편 전체의 키워드는 '참예배'입니다. 참된 예배는 하나님께 감사하는 마음이 담긴 예배입니다. 고등어 한 손을 사다 드려도 부모님의 마음이 편한 자녀가 있는가 하면 소갈비를 사와도 부모의 마음이 편치 못한 자식이 있다는 말은 참으로 우러나오는 감사한 마음이 있는지 부모는 안다는 뜻입니다. 마찬가지로 하나님은 우리가 드리는 예배에 우리가 감사함으로 드리고 있느냐를 보시고 하나님이 기쁘시게 받기를 원하십니다.

"하나님을 잊어버린 너희여 이제 이를 생각하라 그렇지 아니하면 내가 너희를 찢으리니 건질 자 없으리라 감사로 제사를 드리는 자가 나를 영화롭게 하나니 그의 행위를 옳게 하는 자에게 내가 하나님의 구원을 보이리라"(시50:22~23).

하나님을 잊어버린 자에게 하나님이 건강을 찢어버리고 사업을 찢어버리고 행복을 찢어버리면 건질 자가 없습니다. 하나님을 잊은 자는 하나님께 감사한 마음을 잊은 자입니다. 하나님은 범사에 감사하라고 말씀하셨습니다. 미국의 로버트 슐러 목사님은 딸이 교통사고를 당해서 한 쪽 다리를 절단하게 되었습니다. 그러나 목사님은 하나님께 감사의 기도를 드렸다고 합니다. 비록 한 쪽 다리는 잃었지만 목숨을 잃지 않은 것에 감사, 두 다리를 모두 잃지 않은 것에 감사, 두 팔이 온전한 것에 감사, 얼굴을 다치지 않은 것에 감사했다고 합니다. 일반적으로 사람들은 잃어버린 것, 망가진 것, 없는 것에 억울해하고 원망하고 불평합니다. 하지만 믿는 사람은 아직도 나에게 있는 것에 감사하고 이만큼 남아있는 것에 감사합니다. 그리스도인은 감사하는 것만큼 행복합니다. 감사하는 것만큼 강합니다. 누가 진짜 믿는 사람입니까? 감사하는 사람입니다. 누가 진짜 행복한 사람입니까? 감사하는 사람입니다. 세상과 구별된 사람의 특징은 바로 감사하는 것입니다.

'네 서원을 갚으라'는 말은 하나님과 맺은 언약, 약속을 지키라, 그렇게 살라는 말입니다. 덴마크는 1864년 프랑스와 러시아의 전쟁에서 패하면서 좋은 땅을 빼앗기게 되었습니다. 모래와 자갈뿐인 황무지에 은행은 파산했고 국민들은 도탄에 빠지고 사회가 혼란하면서 국가가 위기를 당하게 되었습니다. 대환난의 위기 앞에 그룬트비 목사가 '위기 앞에 도전하자' '밖에서 잃어버렸으나 안에서 찾자'며 전국을 돌아다니며 하나님을 사랑하고 나라를 사랑하고 자연을 사랑하자는 '3애(愛)'정신을 사람들에게 외쳤습니다. 목사님을 도와 달가스 대령이 북풍의 바람을 막고자 나무를 심기 시작했는데 찬바람에 살아남는 나무가 없었고 결국 알프스 전나무만 살아남았습니다. 낮은 땅으로 들어오는 바닷물은 풍차를 돌려 퍼내고 그 땅에 농작물들을 심었고 결국 100년 만에 세계 모범 농업국가가 되었고 이후 공업국으로 찬란한 선진국이 되었습니다. 결국 고난을 축복으로 바꾸어 놓았습니다.

우리에게 닥쳐오는 거센 시련, 여러 가지 아픔이 있지만 하나님을 의지해서 기도하고 새벽에 기도하고 철야기도를 하고 때론 금식으로 기도하면 반드시 축복해주십니다.

"환난 날에 나를 부르라 내가 너를 건지리니 네가 나를 영화롭게 하리로다"(시50:15).

chapter 2.
기적을 이루는 믿음의 신앙

1. 기적을 일으키는 믿음

‖ 막 10:46~52 ‖

⁴⁶그들이 여리고에 이르렀더니 예수께서 제자들과 허다한 무리와 함께 여리고에서 나가실 때에 디매오의 아들인 맹인 거지 바디매오가 길 가에 앉았다가 ⁴⁷나사렛 예수시란 말을 듣고 소리 질러 이르되 다윗의 자손 예수여 나를 불쌍히 여기소서 하거늘 ⁴⁸많은 사람이 꾸짖어 잠잠하라 하되 그가 더욱 크게 소리 질러 이르되 다윗의 자손이여 나를 불쌍히 여기소서 하는지라 ⁴⁹예수께서 머물러 서서 그를 부르라 하시니 그들이 그 맹인을 부르며 이르되 안심하고 일어나라 그가 너를 부른신다 하매 ⁵⁰맹인이 겉옷을 내버리고 뛰어 일어나 예수께 나아오거늘 ⁵¹예수께서 말씀하여 이르시되 네게 무엇을 하여 주기를 원하느냐 맹인이 이르되 선생님이여 보기를 원하나이다 ⁵²예수께서 이르시되 가라 네 믿음이 너를 구원하였느니라 하시니 그가 곧 보게 되어 예수를 길에서 따르니라

예수님께서 예루살렘에서 여리고로 지나가실 때 성문 길 가에 태어나면서부터 맹인된 거지 바디매오가 있었습니다. 바디매오라는 이름의 뜻은 '디매오의 아들'이라는 뜻입니다. 자신의 이름조차 가지지 못한 채 그저 디매오의 아들이라 불리는 거지 맹인 바디매오는 정말로 소망이 없었습니다. 그가 길가에서 구걸을 하며 앉아있었는데 예수님께서 지나가신다는 소리를 듣게 됩니다. 그러자 그는 무조건 큰 소리로 외쳤습니다. '다윗의 자손 예수여 나를 불쌍히 여기소서' 얼마나 크게 소리를 질렀는지 주위 사람들이 소리 좀 그만 지르라고 하지만 그는 더 크게 소리를 지릅니다. 그때 예수님께서 가던 걸음을 멈추시고 그를 부르라고 하시고 그에게 무엇을 해주기를 원하느냐

고 물으십니다. 그는 당장 보기를 원한다고 대답했고 예수님은 '네 믿음이 너를 구원하였느니라' 말씀하셨고 바로 보게 되었습니다.

예수님께서 지나가신다는 말에 바디매오는 자신이 할 수 있는 최대로 외쳐댔고 주위의 사람들은 그에게 소리를 지르지 말라고 꾸짖었으나 그는 더욱 크게 외쳤습니다. 이 사건에서 우리가 깨달아야 할 것은 우리의 영안이 열려 내 자녀의 앞날, 나의 앞날, 환경의 내일의 모습을 보기를 원해야 하는 것입니다. 지금 내 앞에 있는 안개와 같은 것, 나를 막고 있는 수많은 것들이 언제 걷히고 언제 이루어질 것인지 보기 원해야 합니다. 주여! 내가 보길 원합니다. 눈을 열어 주옵소서! 진심으로 믿음을 가지고 기도하는 심령 위에 기적은 일어납니다. 참믿음을 가지기 바랍니다.

성경에서 예수님이 귀하게 보신 것이 바로 믿음입니다. 믿음이 있는 것을 칭찬하시고 축복하셨습니다. 대신 믿음이 없는 것을 책망하시고 꾸짖으셨습니다.

"예수께서 돌이켜 그를 보시며 이르시되 딸아 안심하라 네 믿음이 너를 구원하였다 하시니 여자가 그 즉시 구원을 받으니라"(마9:22).

"이에 예수께서 그들의 눈을 만지시며 이르시되 너희 믿음대로 되라 하시니"(마9:29).

"이에 예수께서 대답하여 이르시되 여자여 네 믿음이 크도다 네 소원대로 되리라 하시니 그때로부터 그의 딸이 나으니라"(마15:28).

"예수께서 이르시되 딸아 네 믿음이 너를 구원하였으니 평안히 가라 네 병에서 놓여 건강할지어다"(막5:34).

"예수께서 그들의 믿음을 보시고 이르시되 이 사람아 네 죄사함을 받았느니라 하시니"(눅5:20).

"오늘 있다가 내일 아궁이에 던져지는 들풀도 하나님이 이렇게 입히시거든 하물며 너희일까보냐 믿음이 작은 자들아"(눅12:28).

"예수께서 대답하여 이르시되 믿음이 없고 패역한 세대여 내가 얼마나 너희와 함께 있으며 너희에게 참으리요 네 아들을 이리로 데리고 오라 하시니"(눅9:41).

"도마에게 이르시되 네 손가락을 이리 내밀어 내 손을 보고 네 손을 내밀어 내 옆구리에 넣어보라 그리하여 믿음 없는 자가 되지 말고 믿는 자가 되라"(요20:27).

믿는 성도들의 능력, 신앙의 자본이 믿음입니다. 믿음이 없이는 하나님을 기쁘시게 할 수 없습니다. 그러므로 믿음 없는 자가 되지 말고 믿음 있는 자가 되어야 합니다.

"믿음이 없이는 하나님을 기쁘시게 하지 못하나니 하나님께 나아가는 자는 반드시 그가 계신 것과 또한 그가 자기를 찾는 자들에게 상 주시는 이심을 믿어야 할지니라"(히11:6).

우리가 예수 그리스도를 나의 주, 구세주로 영접하면 믿음의 특권인 예수 그리스도의 은총이 임하여 끌려가던 인생, 아무렇게나 살던 인생이 예수 그리스도 안에 변화됩니다. 끌려가던 인생이 끌고 가는 인생이 되고, 따라가던 인생이 밀고 나가는 인생이 되고, 아무렇게나 살던 인생이 거룩한 발자취를 남기는 인생이 됩니다. 내가 기어이 한 번 변해보리라! 결단하시기 바랍니다.

신자들 중에 달구지 신자와 연 신자가 있습니다. 달구지는 소나 말이 끄는 수레를 말합니다. 달구지 신자는 누군가 끌어줘야만 움직이는 신자를 말합니다. 세워두면 그대로 그 자리에 있고 끌고 가야만 교회로 오는 신자입니다. 또 연에는 실이 달려있어 바람을 타고 하늘 높이 올라갑니다. 그렇지만 연줄이 끊어지면 연은 정처없이 날아가 버려 무용지물이 됩니다. 연 신자는 실에 매달려 있는 연처럼 다른 사람에게 매달려서 그를 의지하는 신자입니다. 내가 의지하는 사람에게서 끊어질까봐, 내가 의지하는 돈, 내가 의지하는 명예, 내가 의지하는 세상 줄에서 끊어질까봐 노심초사하며 삽니다. 이제는 능동적으로 하나님의 줄을 잡고 가는 믿음의 성도가 되어야 합니다.

"…내가 온 것은 양으로 생명을 얻게 하고 더 풍성히 얻게 하려는 것이라"(요10:10).

예수 안에 있을 때 확실히 풍성한 삶을 살게 됩니다. 육신적으로는 힘들 수 있어도 영적으로는 풍성한 삶을 살게 됩니다. 하지만 어설픈 신앙생활은 중노동입니다. 세상에 한 발, 교회에 한 발이 있으면 다리가 찢어집니다. 십자가가 무거운 짐이 되어 버립니다. 예배드리는 것이 고역이 되어 버립니다. 사랑하는 사람을 만나는데 '아이구 오늘도 내가 데이트를 해야 되냐'며 투덜거리고 싫어하는 사람이 있을까요? 내 신앙이 아직도 믿음의 감격, 평화를 맛보지 못했다면 미숙한 믿음입니다. 찬송가 412장의 가사입니다. '내 영혼의 그윽히 깊은데서 맑은 가락이 울려나네 하늘 곡조가 언제나 흘러나와 내 영혼을 고이싸네 평화 평화로다 하늘 위에서 내려오네 그 사랑의 물결이 영원토록 내 영혼을 덮으소서' 성숙한 믿음이 될 때 하나님이 주신 평화를 맛보며 살 수 있습니다.

"누가 우리를 그리스도의 사랑에서 끊으리요 환난이나 곤고나 박해나 기근이나 적신이나 위험이나 칼이랴"(롬8:35).

"그러나 이 모든 일에 우리를 사랑하시는 이로 말미암아 우리가 넉넉히 이기느니라 내가 확신하노니 사망이나 생명이나 천사들이나 권세자들이나 현재 일이나 장래 일이나 능력이나 높음이나 깊음이나 다른 어떤 피조물이라도 우리를 우리 주 그리스도 예수 안에 있는 하나님의 사랑에서 끊을 수 없으리라"(롬8:37~39).

1. 기적을 일으키는 믿음은 항상 선택을 잘해야 합니다.

학생은 학교 선택을 잘 해야 하고 학과, 전문분야를 잘 선택해야 합니다. 직장을 구하는 사람은 직장 선택을 잘 해야 합니다. 결혼을 생각하는 사람은 배우자를 잘 선택해야 합니다. 잘못한 선택으로 인한 고통은 평안을 잃어버리게 합니다. 전자제품에서는 순간의 선택이 10년을 좌우한다고 말합니다. 그러나 믿음의 생활에서는 순간의 선택이 영원을 좌우합니다. 어떻게 선택하는 것이 좋은 선택일까요? 하나님이 원하시는 것, 하나님이 기뻐하시고 하나님의 뜻을 따르는 것이 좋은 선택입니다.

"그런즉 너희는 먼저 그의 나라와 그의 의를 구하라 그리하면 이 모든 것을 너희에게 더하시리라"(마6:33).

하나님의 나라와 의를 구할 때 하나님은 우리들의 의식주문제를 책임져 주십니다.

"만일 재앙이나 난리나 견책이나 전염병이나 기근이 우리에게 임하면 주의 이름이 이 성전에 있으니 우리가 이 성전 앞과 주 앞에 서서 이 환난 가운데에서 주께 부르짖은즉 들으시고 구원하시리라 하였나이다"(대하20:9).

어려움이 있을 때마다 하나님의 성전에 와서 부르짖는 성도가 되길 바랍니다.

2. 기적을 일으키는 믿음은 항상 모험을 수반해야 합니다.

꿈이 있는 사람은 지치지 않습니다. 꿈이 있는 사람은 도전정신이 있습니다. 신앙생활을 도전적으로 해야 합니다. 안일하게 해서는 안 됩니다. 새벽기도를 도전하고, 철야기도를 도전해 보십시오. 주일 성수를 도전하고 온전한 십일조를 도전해 보십시오.

"그들이 평안하다 안전하다 할 그 때에 임신한 여자에게 해산의 고통이 이름과 같이 멸망이 갑자기 그들에게 이르리니 결코 피하지 못하리라"(살전5:3).

"그러므로 깨어 있으라 어느 날에 너희 주가 임할는지 너희가 알지 못함이니라 너희도 아는 바니 만일 집 주인이 도둑이 어느 시각에 올 줄을 알았더라면 깨어 있어 그 집을 뚫지 못하게 하였으리라"(마24:42~43).

"근신하라 깨어라 너희 대적 마귀가 우는 사자 같이 두루 다니며 삼킬 자를 찾나니 너희는 믿음을 굳건하게 하여 그를 대적하라…"(벧전5:8~9).

우리 인생은 갈 바를 알지 못하고 내일 일을 알 수 없습니다. 하지만 믿음으로 사는 사람은 확실하게 살아갈 수 있습니다. 믿음으로 산 아브라함, 노아, 다윗, 바울이 그렇게 살았습니다. 믿음은 인생의 나침반이요 설계도입니다. 결국 신앙인은 그의 믿음대로 믿음의 방향대로 설계도대로, 나침반을 따라 인생의 길을 갑니다. 확실치 않은 믿음의 사람은 확실치 못한 길을 갈 수 밖에 없습니다. 확실한 믿음을 가지는 사람은 확실한 인생길을 갑니다. 강한 믿음을 가진 사람은 강력한 믿음의 역사를 일으킵니다. 그래서 주님은 항상 믿음 있는 자를 칭찬하셨고 믿음 없는 사람은 책망하셨습니다. 지금 환난 중에 있고 곤고하고 병마의 골짜기에 있더라도 영원한 하나님 나라를 바라보고 굳건히 서는 사람은 그것을 이겨나갈 수 있습니다.

3. 기적을 일으키는 믿음에는 항상 반대세력이 있습니다.

"많은 사람이 꾸짖어 잠잠하라 하되 그가 더욱 크게 소리 질러 이르되 다윗의 자손이여 나를 불쌍히 여기소서 하는지라"(막10:48).

소리 지르는 맹인 거지 바디매오 앞에 예수님이 계십니다. 그리고 네 소원이 무엇이냐 물으셨습니다. 우리가 예배를 드리는 그 순간에 하나님의 영이 운행하는 것을 아십니까? 그리고 하나님의 영이 누구 앞에 서서 네 소원이 무엇이냐 물으신다는 것을 우리가 믿어야 합니다.

한 중풍병자가 고침을 받기 위해 예수님께 나아가려고 하지만 많은 사람들이 모여 있어 나갈 수 없었습니다. 그러자 네 사람이 그 중풍병자를 메고 예수께로 가려고 하나 할 수 없자 예수님이 계신 곳의 지붕을 뜯어내고 그 구멍으로 중풍병자가 누운 상을 달아 내립니다. 사람들은 중풍병자가 예수님께 나아가는 것을 못하게 했습니다. 어디에나 반대세력은 있습니다. 모세도 바울도 그랬습니다. 믿음의 길을 가는 것은 꽃길만 걷는 것이 아닙니다. 잘 다져진 아스팔트나 콘크리트길이 아닙니다. 우리가 가는 믿음의 길은 거친 사막길이요, 광야길이요, 좁은 길이요, 돌짝길입니다.

"좁은 문으로 들어가라 멸망으로 인도하는 문은 크고 그 길이 넓어 그리로 들어가는 자가 많고 생명으로 인도하는 문은 좁고 길이 협착하여 찾는 자가 적음이라"(마7:13~14).

우리 신앙의 길은 눈물 없이는 못 가는 길, 고통 없이 못 가는 길입니다. 믿음의 길을 가다 수없이 눈물을 흘리면서 금식하고 밤을 새워가며 십자가 앞에서 살려달라고 도와달라고 데굴데굴 굴렀던 적이 한 두 번이 아닙니다. 이런 길을 통해 하나님은 반드시 찬란한 길로 인도하심을 믿으시기 바랍니다. 바다에는 물결이 항상 잠잠하지 않습니다. 파도가 지나가면 또 파도가 옵니다. 끝없는 시련이 닥치고 끝없는 박해가 닥치고 끝없는 반대세력이 있고 끝없는 어려움이 있습니다. 사실 이 세상을 살면서 나를 이해해주고 나에게 협조해주는 때보다 반대와 방해가 더 많이 있습니다. 이것을 각오해야 합니다. 보람과 영광보다는 고난과 역경이 더 많이 있습니다.

구세군 창설자 윌리엄 부스(William Booth, 1776-1812)가 적에게 쫓겨 동굴 속에 숨었습니다. 동굴 속에 숨어 있는 자신을 누군가 발견할까봐 노심초사합니다. 그때 거미가 동굴 입구에 거미줄을 치기 시작합니다. 마침 동굴 입구에 도착한 부스를 쫓던 사람들이 거미줄이 많이 있으니 사람이 없을 것이라며 그냥 지나갔고 부스는 들키지 않았습니다. 하나님의 은혜였습니다. 그때 부스는 거미가 거미줄을 치기 위해 동굴 입구 꼭대기에서 뚝 떨어져 거미줄을 치고 다시 열심히 기어 올라가 다시 뚝 떨어지기를 수백 번을 되풀이하며 거미줄을 치는 것을 보고 자신을 되돌아보게 되었습니다. 자신은 한 두 번의 고난으로 도망을 치고 절절매고 있는데 거미가 수백 번을 시도하는 모습을 보고 다시 용기를 얻게 되었던 것입니다.

우리 인생길에서 실패할 때도 있고 떨어질 때도 있습니다. 그러나 그것이 내 인생에 마지막은 결코 아닙니다. 우리 인생에는 전반전과 후반전이 있습니다. 운동경기에서는 전반전에는 힘들었지만 후반전에서 역전되는 경우가 많습니다. 내 인생의 전반전이 힘들었다면 후반전에는 얼마나 찬란한 일이 있을 것인가 기대하십시오. '은퇴하다'를 영어로 하면 'retire(리타이어)'라고 합니다. 이는 타이어를 다시 끼웠다는 뜻입니다. 은퇴했다고 자신의 인생이 끝난 것이 아니라 인생의 타이어를 바꿔 끼우고 다시 힘차게 달리는 것입니다.

신앙생활을 적당히 하면 안 됩니다. 기적을 이루는 믿음을 가지고 열심히 최선을 다해 끝까지 하려고 하면 꼭 반대세력이 있다는 것을 기억하기 바랍니다. 모세가 그런 길을 갔고, 야곱도 험난한 길을 갔으며 요셉, 다니엘이 모두 이 길을 갔습니다. 위대한 역사는 실패와 좌절, 반대를 통해 일어났습니다. 하나님은 언제나 끈기 있는 믿음의 사람 편에서 함께 하십니다. 같은 조건이라면 하나님은 믿음 있는 사람의 간구를 들어주시고 믿음 있는 사람의 손을 들어주십니다.

오늘 본문의 맹인거지 바디매오보다 우리의 형편이 낫지 않습니까? 그는 태어나면서부터 앞을 보지 못했고 길가에서 구걸을 해서 살아가고 있습니다. 자기 인생을 저주했을 것입니다. 원망, 비관, 짜증, 불만, 아무 소망이 없었을 것입니다. 나사렛 예수를 만나면 기적이 일어난다는 것을 들어서 알고 있었기에 자신도 예수를 만나기만 한다면 볼 수 있다는 소망이 있었을 것입니다. 사람들은 세상의 소리는 잘 들어도 믿음의 소리를 들으려고 하지 않습니다. 달콤한 말은 좋아해도 충고나 잘못을 지적하는 소리는 싫어합니다. 나사렛 예수를 만나면 내 삶에 축복된 기적이 일어납니다. 이 믿음의 소리를 듣길 바랍니다.

소경 바디매오는 일구월심(日久月深) 예수님을 만나길 소망했습니다. 그러나 앞을 보지 못하는 그가 예수님을 만날 길이 없었습니다. 그런데 마침 예수님께서 이 길을 지나가신다는 말을 들었습니다. 절호의 기회입니다. 소망이 생긴 사람은 용기가 생깁니다. 소망을 붙잡으면 담대하게 살아갑니다.

"소망 중에 즐거워하며 환난 중에 참으며 기도에 항상 힘쓰며"(롬 12:12).

드디어 예수님을 만날 날이 온 것입니다. '나사렛 예수가 지나가신다' 왁자지껄하는 소리가 들립니다. 바디매오는 온 힘을 다해 소리 질러 예수를 부릅니다. 옆에서 시끄럽다고 꾸짖어도 개의치 않고 넘어지면서도 예수를 향해 갑니다. 바디매오의 이 외침에 지나가시던 예수님이 멈추어 서셨습니다. 이 얼마나 큰 믿음이며 선택을 잘 한 것입니까?

"예수께서 이르시되 가라 네 믿음이 너를 구원하였느니라 하시니 그가 곧 보게 되어 예수를 길에서 따르니라"(막10:52).

우리를 도와주시려고 하시는 예수님을 믿고 따르십니까? 선택을 잘 한 사람, 모험적으로 예수님께 달려간 사람, 어떠한 반대 세력도 이겨낸 사람이 되길 바랍니다. 반드시 예수 그리스도의 이름으로 승리의 삶을 살기 바랍니다.

2. 믿는 자에게 나타나는 표적

‖ 막 16:17~18 ‖
¹⁷믿는 자들에게는 이런 표적이 따르리니 곧 그들이 내 이름으로 귀신을 쫓아내며 새 방언을 말하며 ¹⁸뱀을 집어 올리며 무슨 독을 마실지라도 해를 받지 아니하며 병든 사람에게 손을 얹은즉 나으리라 하시더라

기독교는 이론이 아니라 실제 하나님의 역사를 믿는 그 역사가 나타나는 종교입니다. 예수를 믿는다는 이유로 십자가에 못을 박거나 사자 굴에 던져지거나 박해를 했던 로마가 어떻게 국교를 기독교로 바꿀 수 있었을까요? 기독교는 교리가 아니며 철학도 아니며 학문도 아니라 실제 표적이 임한 역사입니다. 본문에는 그 표적을 다섯 가지로 설명하고 있습니다. 초대교회 로마에서 기독교인들이 기도를 하면 죽은 자가 살아났으며 고칠 수 없는 나병 환자가 고침을 받고 사람이 할 수 없는 일을 하나님은 하게 하셨습니다. 이 다섯 가지 표적으로 인해 기독교를 국교화하지 않을 수 없었습니다.

본문의 표적은 믿는 자들에게는 다 나타나는 표적입니다. 이 표적은 나와 가족, 교회에 나타나고 이 자리에서 나타납니다. 이곳에서 기도하면 문제의 현장에 나타납니다. 하나님을 믿는다는 것은 언제나 동일하신 하나님의 역사가 내게도 나타남을 믿는 것입니다. 자녀는 부모의 모든 지위와 혜택을 누릴 권리가 있습니다. 자녀가 아니라

면 그 집에 살더라도 부모의 지위와 혜택을 그대로 누릴 권리가 없습니다.

6.25 전쟁이 끝나고 한 통역관이 간증한 것이 있습니다. 전쟁 후 우리나라에 고아들이 많아지자 미국인 가정들이 그들을 데려가서 양자로 삼았습니다. 양부모가 된 그들은 아이들에게 새 옷을 입히고 좋은 음식을 먹인 후 침대에 눕히고 재웠습니다. 다음날 아침 아이 방에 가보니 아이가 없어졌고 아무리 집을 찾아봐도 보이지 않았습니다. 나중에서야 침대 밑에서 새우잠을 자고 있는 아이를 발견했습니다. 매일 이런 일이 반복되자 양부모는 당황했습니다. 그들은 한국말을 하는 통역관을 데리고 와서 아이의 말을 들어보았습니다. 아이는 미국인들로부터 좋은 집과 환경을 제공받았지만 길거리에서 새우잠을 자던 생활을 하다가 갑자기 바뀐 환경을 믿을 수 없어 두려운 마음으로 잠을 못 잤다고 합니다. 양부모는 통역관을 통해 이제 양자가 되었으니 이 집의 모든 혜택을 누릴 수 있다고 아이에게 말을 해주었다고 합니다.

하나님의 자녀가 된 우리도 마찬가지입니다. 예수 그리스도 안에서 하나님의 양자가 된 우리는 하나님의 모든 권리와 은총을 누리고 살 수 있음에도 불구하고 여전히 불안과 두려움, 각종 눌림에 시달린다는 것은 말이 되지 않습니다. 편안한 침대를 두고도 여전히 맨바닥에서 새우잠을 자는 양자와 다를 바가 없습니다. 하나님의 자녀가 생각이 부정적이거나 패배의식에 젖어 사는 것은 말이 되지 않습니다. 전지전능하고 무소부재하신 하나님의 자녀라는 것을 기억하십시오. 하나님이 우리에게 주신 모든 은사를 사용하십시오.

"내가 진실로 진실로 너희에게 이르노니 나를 믿는 자는 내가 하는 일을 그도 할 것이요 또한 그보다 큰 일도 하리니 이는 내가 아버지께로 감이라"(요14:12).

예수를 믿는 자는 예수님이 하신 일을 할 뿐 아니라 그보다 큰 일도 하리라는 은총 속에 사십시오.

"믿는 자들에게는 이런 표적이 따르리니 곧 그들이 내 이름으로 귀신을 쫓아내며 새 방언을 말하며 뱀을 집어올리며 무슨 독을 마실지라도 해를 받지 아니하며 병든 사람에게 손을 얹은즉 나으리라 하시더라"(막16:17~18).

믿는 자들에게는 이처럼 새롭고 놀라운 역사가 나타납니다.

"그런즉 누구든지 그리스도 안에 있으면 새로운 피조물이라 이전 것은 지나갔으니 보라 새 것이 되었도다"(고후5:17).

예수를 믿기 전과 후는 다릅니다. 세상 사람들과 완전히 다릅니다. 내 신분을 알아야 합니다. 부유한 가정의 양자가 되었는데도 여전히 침대 밑에 기어들어가 새우잠을 자는 거지근성을 가지고 있겠습니까? 하나님의 자녀임을 기억하십시오. 우리는 신분이 다릅니다. 사람들이 신분 유지를 위해 얼마나 노력합니까? 하나님의 자녀, 하늘의 시민권을 가진 신분이라는 것을 기억하십시오. 하나님의 자녀로써 마땅히 본문의 다섯 가지 표적과 이적이 내게도 나타나고 기도처에, 말씀을 붙잡고 사는 사람에게 나타납니다. 예배시간마다 주실 말씀을 기대하십시오. 기대감이 있어야 합니다. 기대감만큼 채워주십니다.

1. 귀신을 쫓아내며

'예수 이름으로 명하노니 귀신아 물러가라!' 귀신을 쫓아낼 수 있는 권리를 주셨는데 이를 사용하지 못한다면 얼마나 안타깝습니까? 아들을 월남전에 보낸 할머니가 아들로부터 돈을 기다리는데 돈은 보내오지 않고 무슨 종이만 보내옵니다. 할머니는 그것이 무엇인지 몰라 받을 때마다 찢어진 문에 문풍지로 잔뜩 붙여 놓았습니다. 나중에 이장님이 집에 왔을 때 할머니는 말합니다. '아들이 돈은 안 붙이고 글도 못 읽는데 편지만 잔뜩 보내서 문풍지로 붙였지.' 이장님이 보니 그 종이가 모두 수표였다고 합니다. 돈인 줄 모르고 수표를 문풍지로 쓴 것입니다.

우리는 알아야 합니다. 하나님이 권세를 주셨으니 예수의 이름으로 귀신을 쫓아내야 합니다. 귀신이 눈에 보이지 않습니다. 하나님도 눈에 보이지 않지만 우리는 하나님을 믿습니다. 귀신도 하나님을 알지만 귀신은 하나님을 믿지 않습니다. 마치 보이지는 않지만 공기가 있다는 것을 알고 마시고 있는 것처럼 귀신들도 하나님을 믿는 사람 중에서 삼킬 자를 찾아 우는 사자처럼 다닌다고 했습니다. 장마가 지면 채소밭에 진딧물이 있습니다. 이파리 뒤에 붙어서 채소를 누렇게 죽게 만듭니다. 원수 마귀인 귀신은 우리를 괴롭히고 진액을 빨아먹습니다. 건강과 정신의 진액을 빨아먹고 누렇게 뜨게 만듭니다. 여행 갈 때는 가방에 중요한 것을 다 담아두는데 도둑은 그 속에서 중요한 것만 노리는 것처럼 마귀는 건강을 해치고 마음을 빼앗아서 도적질하고 멸망시키려 합니다. 믿는 자들에게는 귀신을 쫓는 표적이 따릅니다.

'이 더러운 귀신아, 예수의 이름으로 명하노니 물러가라!'

마귀가 더러운 생각을 넣어 줍니다. 인터넷이나 텔레비전에는 악한 모습들이 많습니다. 속이고 싸우는 모습으로 가득 찬 모습인데 종일 TV를 켜 두는 가정이 있습니다. 더러운 생각을 집어넣는 환경을 바꾸어야 합니다. 친구도 마찬가지입니다. 죄를 짓게 하는 친구가 있습니다. 이 세상이 지금 더러운 것으로 꽉 차 있습니다. 예수의 이름으로 더러운 귀신은 물리쳐야 합니다. 죄를 짓게 하는 환경과 합하지 말고 하나님의 자녀로서 의롭고 신실하고 정결한 모습으로 살아야 합니다. 이렇게 살기 위해 내 심령과 가정에서 더러운 것을 쫓아내야 합니다. 자꾸 이상한 것만 보면 그것을 따라가게 됩니다. 보는 것만큼 세뇌됩니다. 라디오처럼 귀로 듣는 것은 다른 일도 할 수 있게 하지만 텔레비전처럼 눈을 빼앗는 매체는 아무 것도 하지 못하고 그것만 보게 합니다. 결국 영(靈)을 전부 빼앗깁니다. TV를 보아도 더러운 것을 분별해서 성령의 능력으로 쫓아내십시오. 아닌 것은 보지 말아야 합니다. 빛 된 예수님을 보십시오.

또 악한 귀신이 있습니다. 미움과 의심을 갖게 하고 불화하게 합니다. 형제간에도 악한 귀신이 들어가면 서로 싸우고 악한 귀신이 들어간 이웃을 만나면 고통을 당합니다. 악한 친구, 악한 가정의 분위기처럼 흑암에 꽉 찬 것은 성령의 능력으로 내쫓아야 합니다. 부부도 싸울 것이 없는데 싸울수록 더 나빠집니다. 기도로써 예수의 이름으로 물리쳐야 합니다. 부모를 따라 교회에 나오는 자녀는 축복입니다. 새벽기도에 나오는 주일학교 학생도 있습니다. 이 모습은 뇌리에 찍혀서 평생 그를 보호합니다. 아이들이 예배시간에 잠을 자더라도 교회에 나와서 잠을 자면 목사님 설교를 알게 모르게 듣게 되어 시루 속의 콩나물에 물을 주면 그 물이 모두 빠져나가도 자라는 것처럼 아이들의 영도 자라게 됩니다. 개인의 생각이나 자녀, 가족으로부터 악한 영을 나사렛 예수의 이름으로 물리치십시오. 한번으로 되지 않습니다. 자꾸 물리쳐야 합니다. 100번을 반복하여 물리치는 사람도 있습니다. 불안을 주는 악한 귀신을 물리치십시오. 거짓말하는 악한 영을 물리치십시오. 육신의 병도 마찬가지입니다. 오장육부가 마귀에 눌려 있습니다.

"하나님이 나사렛 예수에게 성령과 능력을 기름 붓듯 하셨으매 그가 두루 다니시며 선한 일을 행하시고 마귀에게 눌린 모든 사람을 고치셨으니 이는 하나님이 함께 하셨음이라"(행10:38).

마귀에게 눌린 사람이란 병든 사람입니다. 길 가에 큰 돌멩이가 있으면 그 밑의 풀이 자라지 못합니다. 돌멩이를 치우고 보면 밑에는 풀이 누렇게 떠서 자라지 못하고 있습니다. 마귀에 눌린 모습도 이와 같습니다. 혈관과 위장, 관절과 몸의 모든 부분이 마귀에 눌려서 병에 들었습니다. 아픈 부분을 잡고 외치십시오. 거미줄은 치워도 다음 날 또 거미줄이 있습니다. 거미를 잡아야 거미줄이 생기지 않는 것처럼 아픈 부분을 위해 약도 먹고 병원에도 가야 하지만 마귀에 눌린 모든 것을 예수 이름으로 쫓아내야 근원이 사라집니다. 거미가 잡히듯이 원수 마귀가 떠납니다. 정신의 질환도 마찬가지입니다. 우울증이나 스트레스, 불안과 분노가 생기게 하고 미워지게 하는 원수 귀신을 예수의 이름으로 물리치십시오.

본문의 말씀은 예수님께서 승천하시기 전 마지막으로 하신 말씀으로 유언과 같습니다. 이 땅에 오셔서 처음 하신 말씀은 '회개하라 천국이 가까웠느니라' 이며 본문 말씀은 마지막 말씀입니다. 내 이름으로 귀신을 쫓으라 했습니다. 교회에 와서 말씀을 받고 찬송을 부르면 마음이 환해집니다. 상쾌해집니다. 예수의 이름으로 거듭난 사람은 영적인 지각력이 있습니다.

"그런즉 너희는 하나님께 복종할지어다 마귀를 대적하라 그리하면 너희를 피하리라"(약4:7).

마귀와는 협상할 수 없습니다. 대적(對敵)해야 합니다.

"근신하라 깨어라 너희 대적 마귀가 우는 사자 같이 두루 다니며 삼킬 자를 찾나니"(벧전5:8)

세상에 마귀가 꽉 차 있어서 가정과 나를 넘어뜨리려 하지만 예수 이름으로 거듭난 우리는 내쫓아야 합니다. 주기도문을 천 번을 외워서 병을 떨친 사람도 있습니다. 하나님의 역사는 나타납니다. 왜 시험에 들어 마귀로 하여금 나를 삼키게 합니까? 십자가의 보혈로 귀신을 쫓으십시오. 하나님의 자녀로서의 특권을 잃지 마십시오.

2. 새 방언을 말하며

"그들이 다 성령의 충만함을 받고 성령이 말하게 하심을 따라 다른 언어들로 말하기를 시작하니라"(행2:4).

금시초문의 혀가 말리면서 나는 음성인 방언기도는 구하는 자, 찾는 자에게 주십니다. 어떤 분이 축도가 끝난 후에도 계속 방언으로 기도를 하고 있습니다. 그날따라 늦도록 방언으로 기도를 하고 집으로 갔는데 남편이 새파랗게 질린 얼굴로 들어오더니 말합니다. 시외

버스 운전기사였는데 언덕길로 오르다가 엔진이 고장이 나 승객들을 서둘러 내리도록 하고 차를 주차하려는데 주춤주춤 뒤로 밀려가더니 뒷바퀴가 벼랑 끝에서 대롱거립니다. 아찔한 순간입니다. 남편도 가까스로 밖으로 나왔는데 그 시간이 아내가 방언 기도한 시간이었다고 합니다. 내일 어떤 일이 생길지 알 수 없지만 성령께서 우리에게 주신 방언의 기도는 놀라운 역사를 일으킵니다.

"이와 같이 성령도 우리의 연약함을 도우시나니 우리는 마땅히 기도할 바를 알지 못하나 오직 성령이 말할 수 없는 탄식으로 우리를 위하여 친히 간구하시느니라"(롬8:26).

내일 어떤 일이 일어날지 모르기 때문에, 무슨 기도를 해야 할지도 모르기 때문에 성령이 말하게 하심을 따라 방언으로 기도하는 것이 중요합니다. 우리는 지혜도 없습니다. 모략도 없고 총명도 없지만 방언은 하나님께서 성령의 언어로 기도하도록 한 것이기 때문에 무엇을 구해야 할지 정확히 알고 기도하도록 합니다.

"형제들아 신령한 것에 대하여 나는 너희가 알지 못하기를 원하지 아니하노니"(고전12:1)

"방언을 말하는 자는 사람에게 하지 아니하고 하나님께 하나니 이는 알아듣는 자가 없고 영으로 비밀을 말함이라"(고전14:2).

"내가 너희 모든 사람보다 방언을 더 말하므로 하나님께 감사하노라"(고전14:18).

이것은 방언에 대한 자부심입니다.

"그런즉 내 형제들아 예언하기를 사모하며 방언 말하기를 금하지 말라"(고전14:39).

영으로 비밀을 말하는 방언입니다. 우리는 무슨 기도를 해야 할지 잘 모릅니다. 우리의 생각이란 기껏해야 알고 있는 것으로 한정됩니다. 방언기도는 내 생각과 의지로 기도하지 않는 것이 아니라 구할 바를 알지 못하지만 시간과 공간을 초월하여 성령의 알게 하심을 따라 하는 기도입니다. 성령의 언어입니다. 사람이 알아듣지 못하고 하나님만 알아듣는 방언 기도를 많이 하십시오. 내일은 아무도 모르지만 방언은 내일의 일까지 아뢰는 기도이기 때문에 중요합니다. 이 시대는 악한 로마시대와 같습니다. 코로나로 인해 통성기도도 찬송도 하지 못하도록 하고 예배도 금지되고 있습니다. 하지만 지금이야 말로 기도해야 할 때입니다. 끝까지 기도로 승리하십시오. 무엇을 구할지 알지 못하기 때문에 성령께서 친히 기도를 하게 하시는 방언으로 기도하십시오.

성령의 은사인 방언의 기도를 할 때 의심하면 안 됩니다. 부끄러워해서도 안 됩니다. 하나님을 믿고 기도하십시오. 도저히 내 힘으로할 수는 없지만 방언으로 기도하고 나면 하나님이 들으시고 내 앞의 문제를 해결해 주십니다. 빌리 그레이엄 목사님이 모스크바에서 집회할 때 러시아어로 통역을 했습니다.

"예수 믿지 않은 미국인은 다 지옥 갑니다."

"아멘!"

"예수 믿지 않은 러시아인도 다 지옥 갑니다."

"아멘!"

놀라운 일은 러시아인도 다 지옥 간다고 말을 할 때도 박수를 치며 아멘을 외친 것입니다. 통역을 하지 않았는데도 사람들이 아멘을 외친 것이 의문이 들어 설교 후 알아들은 것인지 묻자, 통역사가 말합니다.

"목사님이 그 설교하실 때, 러시아어로 말했습니다."

그레이엄 목사님이 러시아말로 설교를 하고 계셔서 통역할 필요가 없었다고 합니다. 자신은 무슨 말인지 모르지만 성령께서 러시아어로 말하도록 혀를 열어주신 것입니다.

3. 뱀을 집으며

"우리가 구조된 후에 안즉 그 섬은 멜리데라 하더라"(행28:1).

사도 바울이 탄 배가 멜리데 섬에 구조되었을 때 추워서 불을 피웠는데 나무 덤불에서 독사가 나와 바울의 손을 물었습니다. 다른 사람들이 그를 보며 바다에서는 살았지만 육지에서는 독사에 물려 살지 못할 것이라 생각했는데 죽지 않고 살아있습니다. 원주민들은 그를 신이라 생각하고 그 앞에 절을 하려고 하자 사도 바울은 자신은 신이 아니라고 합니다. 그리고 사도 바울은 병에 걸려 있는 사람에게 예수의 권능으로 안수하여 낫게 했습니다.

뱀이란 독을 말합니다. 아담과 하와가 사탄의 꾐에 빠져 하나님을 반역하고 선악과를 따먹었습니다. 뱀을 집는 것은 거짓을 분별하는 능력입니다. 지혜입니다.

"예수께서 이르시되 내가 곧 길이요 진리요 생명이니 나로 말미암지 않고는 아버지께로 올 자가 없느니라"(요14:6).

예수만이 진리인데 거짓을 옮기는 이단을 구분하지 못해서 빠지기 때문에 개인이 멸망하고 가정이 파괴됩니다. 거짓을 분별하여 아담과 하와처럼 꾐에 빠지지 않고 뱀을 집어 올리는 역사가 있기를 축원합니다.

4. 해를 받지 아니하며

6.25사변 당시 부모를 잃은 고아들이 남의 집에서 얹혀살았는데 한 소년이 새벽기도를 나가려고 합니다. 집주인이 교회에 나가려는 그를 때리고 혹사시키지만 그래도 교회에 나갔습니다. 어느 날 한밤중에 목이 말라 더듬거리며 부엌에 가서 물을 마신다는 것이 양잿물을 마셨습니다. 그것을 알고 루피 리처드라는 선교사가 급히 병원에 데리고 갔는데 식도는 타지 않고 입술만 탔다고 합니다. 기적적으로 아이가 살아났습니다. 무슨 독을 마시든지 해를 받지 않는다는 것은 독약을 마셔도 죽지 않는다는 것이 아니라 예수 이름으로 고침을 받을 수 있다는 뜻입니다.

"내가 너희에게 뱀과 전갈을 밟으며 원수의 모든 능력을 제어할 권능을 주었으니 너희를 해칠 자가 결코 없으리라"(눅10:19).

인간관계에도 언어의 독이 있습니다. 말에도 독이 있어서 욕을 먹으면 절망에 이릅니다. 분노가 일어 싸움이 생깁니다. 부부도 싸움을 하면 억지소리를 하고 독이 올라 얼굴이 벌겋게 됩니다. 밥을 먹다가 싸우면 음식이 독과 같이 소화가 되지 않고 체하기만 할 뿐입니다.

"또 우리 형제들이 어린 양의 피와 자기들이 증언하는 말씀으로써 그를 이겼으니 그들은 죽기까지 자기들의 생명을 아끼지 아니하였도다"(계12:11).

어린 양의 피와 증언하는 말씀으로 이겼다고 했습니다. 모간 블레

이즈는 치명적이고 가정을 파괴하는 욕설과 독한 말이 양잿물과 쥐약보다 더 무섭다고 했습니다. 가까울수록 더 칭찬하고 생명을 보존하도록 격려해야 합니다. 독한 말에 대해 예수의 이름으로 이겨야 합니다. 인터넷에 댓글로 달리는 말 중 악하고 몰인정한 것이 많아서 그 댓글로 인해 목숨을 끊는 사례가 종종 있습니다. 예수가 얼마나 귀한지 알아야 합니다. 독이 올랐을 때, 부부나 형제가 해를 받지 않으려면 예수의 이름으로 기도하여 승리해야 합니다.

5. 병을 치료하며

병든 자에게 손을 얹은즉 나으리라 했습니다. 나는 너희를 치료하는 여호와라 했습니다. '여호와 라파'의 하나님이십니다. 하나님 아버지가 의사가 되시는데 자식이 병든 것을 두고 보시겠습니까?

"네 하나님 여호와를 섬기라 그리하면 여호와가 너희의 양식과 물에 복을 내리고 너희 중에서 병을 제하리니"(출23:25)

하나님을 섬길 때 모든 병이 제거됩니다. 장수의 축복을 주십니다.

"이는 선지자 이사야를 통하여 하신 말씀에 우리의 연약한 것을 친히 담당하시고 병을 짊어지셨도다 함을 이루려 하심이더라"(마8:17).

예수 이름으로 기도할 때 질병은 떠나갑니다.

"이르시되 너희가 너희 하나님 나 여호와의 말을 들어 순종하고 내가 보기에 의를 행하며 내 계명에 귀를 기울이며 내 모든 규례를 지키면 내가 애굽 사람에게 내린 모든 질병 중 하나도 너희에게 내리지 아니하리니 나는 너희를 치료하는 여호와임이라"(출15:26).

예수님은 우리를 치료하는 능력이 있습니다.

"이르되 주 예수를 믿으라 그리하면 너와 네 집이 구원을 받으리라 하고"(행16:31)

구원받는 것은 영혼 뿐 아니라 육신과 마음도 속합니다.

"예수께서 온 갈릴리에 두루 다니사 그들의 회당에서 가르치시며 천국 복음을 전파하시며 백성 중의 모든 병과 모든 약한 것을 고치시니 그의 소문이 온 수리아에 퍼진지라 사람들이 모든 앓는 자 곧 각종 병에 걸려서 고통당하는 자, 귀신 들린 자, 간질 하는 자, 중풍병자들을 데려오니 그들을 고치시더라"(마4:23~24).

예수님께서 하신 사역 중 가르치시고 복음 전파하시는 것이 1/3이고 2/3가 병을 고치는 사역이었습니다. 교회의 사명은 예수님이 하신 것처럼 복음을 전파하고 고치는 일입니다.

"예수께서 그의 열두 제자를 부르사 더러운 귀신을 쫓아내며 모든 병과 모든 약한 것을 고치는 권능을 주시니라"(마10:1).

우리는 주님의 제자입니다. 지금처럼 어려울 때 복음 전파하러 가서 기도할 때 기적이 나타납니다.

"가면서 전파하여 말하되 천국이 가까이 왔다 하고 병든 자를 고치며 죽은 자를 살리며 나병환자를 깨끗하게 하며 귀신을 쫓아내되 너희가 거저 받았으니 거저 주라"(마10:7~8).

선포한 대로 이루어집니다.

"믿음의 기도는 병든 자를 구원하리니 주께서 그를 일으키시리라 혹시 죄를 범하였을지라도 사하심을 받으리라"(약5:15).

하나님께서 우리에게 놀라운 기적의 역사를 허락해 주심을 믿으십시오. 어떻게 기독교인을 핍박했던 로마가 기독교를 국교로 할 수 있었습니까? 예수님을 믿는 자에게 나타난 기적 때문입니다. 죽은 자가 살아나고 앉은뱅이가 일어나는 기적 때문에 로마는 두 손을 번쩍 들고 기독교를 국교로 승인했습니다. 오늘 이 시대도 어려움에 직면해 있습니다. 하지만 하나님께서 주신 5대 표적을 나와 가정, 교회와 이 사회에 나타나게 하십시오. 하나님의 놀라운 역사가 임할 것입니다.

3. 생명길 인도

‖ 출 2:1~10 ‖

¹레위 가족 중 한 사람이 가서 레위 여자에게 장가 들어 ²그 여자가 임신하여 아들을 낳으니 그가 잘 생긴 것을 보고 석 달 동안 그를 숨겼으나 ³더 숨길 수 없게 되매 그를 위하여 갈대 상자를 가져다가 역청과 나무 진을 칠하고 아기를 거기 담아 나일 강 가 갈대 사이에 두고 ⁴그의 누이가 어떻게 되는지를 알려고 멀리 섰더니 ⁵바로의 딸이 목욕하러 나일 강으로 내려오고 시녀들은 나일 강 가를 거닐 때에 그가 갈대 사이의 상자를 보고 시녀를 보내어 가져다가 ⁶열고 그 아기를 보니 아기가 우는지라 그가 그를 불쌍히 여겨 이르되 이는 히브리 사람의 아기로다 ⁷그의 누이가 바로의 딸에게 이르되 내가 가서 당신을 위하여 히브리 여인 중에서 유모를 불러다가 이 아기에게 젖을 먹이게 하리이까 ⁸바로의 딸이 그에게 이르되 가라 하매 그 소녀가 가서 그 아기의 어머니를 불러오니 ⁹바로의 딸이 그에게 이르되 이 아기를 데려다가 나를 위하여 젖을 먹이라 내가 그 삯을 주리라 여인이 아기를 데려다가 젖을 먹이더니 ¹⁰그 아기가 자라매 바로의 딸에게로 데려가니 그가 그의 아들이 되니라 그가 그의 이름을 모세라 하여 이르되 이는 내가 그를 물에서 건져내었음이라 하였더라

성탄절에 가장 많이 장식으로 사용되는 식물이 포인세티아입니다. 아주 새빨간 잎이 예쁘고 화려한데 이 식물은 빛이 전혀 들어오지 않고 온도가 낮은 곳에서 재배가 됩니다. 이렇게 캄캄한 곳에서 만들어진 식물이 오히려 선명하고 아름다운 색을 내는 것처럼 하나님은 어려운 내 생명길을 갈 때도 오히려 하나님의 섭리가운데 놀라운 은총으로 우리를 인도해주신다는 사실을 오늘 본문을 통해서 확신할 수 있습니다.

오늘 본문의 배경은 이스라엘 백성이 애굽에서 노예로 살아가고

있는 때에 하나님을 모시고 사는 가정에서 그들의 생명길을 인도해 주신 역사입니다. 이스라엘 민족이 왕성하게 번성하는 것을 보고 애굽왕이 이스라엘 민족 중에 새로 태어나는 사내아이는 모두 죽이라고 명령을 내립니다. 애굽은 나일강을 생명의 신이라고 믿고 섬겼기 때문에 이스라엘의 사내아이들을 제물로 바치게 한 것입니다. 나일강의 악어들이 사내아이들을 해치고 잡아먹는 참혹한 상황에서 절대로 아들을 낳아서는 안 됩니다. 그런데 본문의 가정에서 사내아이가 태어나게 되었습니다.

"레위 가족 중 한 사람이 가서 레위 여자에게 장가들어 그 여자가 임신하여 아들을 낳으니 그가 잘 생긴 것을 보고 석 달 동안 그를 숨겼으나"(출2:1~2).

레위인 아므람과 레위인 요게벳이 결혼을 해서 아들, 딸을 낳고 셋째를 가졌는데 사내아이가 태어나면 나일강에 버리라는 애굽왕의 명령이 있었던 것입니다. 이 히브리 여인은 자신이 어떤 아이를 낳을지 몰랐기에 자신의 임신이 다른 사람의 눈에 띄지 않도록 배를 동여매고 매일 고통스런 노역장에 나가서 일을 합니다. 그런데 아이를 낳고 보니 사내아이였습니다. 그렇게 사내아이가 아니길 바랐지만 자신의 뜻과는 상관없이 사내아이를 낳게 되었을 때 얼마나 통탄하고 절망적이었을까요? 자신이 하나님을 섬기고 하나님을 믿는 가정에 왜 이런 일이 생겼을까 하면서 아이를 봤는데 아이의 모습이 잘 생겼다는 생각이 들었습니다. 여기에서 잘 생겼다는 말은 외모적인 것이 아니라 이 아이 속에 비치는 하나님의 뜻과 하나님의 빛을 의미하는 것입니다. 다른 가정이었다면 아이는 죽을 운명이었지만 이

어머니의 눈에 비친 그 아이는 자신이 어떻게 하든지 아이를 살리겠다는 의지를 가지게 되었습니다. 하지만 이렇게 되면 왕의 명령을 위반하는 것입니다. 이것은 이 아이의 생명 뿐 아니라 가족 전부가 국가의 명령 위반으로 몰살할 수 있는 일입니다. 매일매일 이 아이를 어떻게 키웠을까요? 어머니가 노역장으로 출근을 할 때 7살 위의 딸 미리암에게 아이를 부탁합니다. 절대로 이 아이의 울음소리가 밖으로 나가서는 안 된다며 신신당부를 했을 것입니다. 한 달이 지나고 두 달이 지나 석 달이 되자 사내아이의 울음소리가 너무 커지게 됩니다. 때로는 이불로 덮고 우는 아이의 입을 틀어막아도 감당할 수가 없게 되었습니다. 어쩌면 이 울음소리는 이 아이의 생명을 재촉하는 울음일지도 모릅니다. 엄마가 돌아오자 미리암이 엄마에게 큰 일 날 뻔했다면서 애굽 군사들이 골목마다 다니면서 사내아이가 난 집을 수색하는데 동생이 얼마나 큰 소리로 우는지 이불을 덮어도 안 돼서 입을 틀어막았는데 아이가 입술이 새파랗게 되면서 숨을 쉬지 않아서 놀라서 입에 숨을 불어넣고 아이를 흔들어 간신히 아이가 살아나기는 했는데 자신은 더 이상 못하겠다고 웁니다. 딸의 말을 듣고 어머니의 마음이 어땠을까요? 아이를 어떻게 해서든 살리고 싶은데 자신의 힘으로는 더 이상 할 수 있는 방법이 없다고 생각한 어머니는 나일강가에서 갈대를 꺾어서 상자를 만듭니다. 나일강의 갈대는 삼각형모양으로 우리나라에서는 대나무와 같이 단단합니다. 상자를 만들면서 어머니의 손에 수많은 상처가 생겼지만 상자를 완성해서 물이 새지 않도록 역청을 바르고 안에 천을 깔고 아이를 넣어 나일강에 띄워 보냅니다. 한 고전에 보면 당시 나일강에 버려진 히브리 사내아이들이 60만 명이었다고 합니다. 나일강에 상자를 띄우면서 어머니는 하나님께 아들을 살려달라고 간절히 기도했을 것입니다. 그리고 7살 미리암이 갈대사이에 숨어 몰래 상자를 따라가며 살핍니다. 해가 지기 직전 날씨가 서늘할 때 바로의 딸 공주가 목욕을 하러 나일강가로 나옵니다. 당시 세계 최대의 국가인 애굽에서 궁궐에 목욕할 장소가 없어서 공주가 나일강가로 나왔을까요? 마침 갈대 사이를 떠다니는 상자를 공주가 발견하게 됩니다. 그 넓은 강에서 그 작은 갈대상자가 공주에 눈에 어떻게 보일 수가 있었을까요? 시녀를 시켜 그 상자를 가져오게 하고 상자를 열었을 때 그 속에는 히브리 사내아이가 울고 있었습니다. 왕의 명령을 어기고 히브리 사내아이를 살려서 상자에 넣은 것을 보고 그냥 아이를 강물에 빠뜨릴 수도 있었습니다. 하지만 공주의 눈에 그 아이가 불쌍하게 보였습니다. 어떻게 공주의 마음에 그런 마음이 들 수 있었을까요? 어떻게 시간상으로 이런 일들이 일어날 수 있었을까요? 아이의 울음소리로 인해 죽임을 당할까 두려웠던 것이 이제는 아이의 울음소리로 인해 공주가 아이를 불쌍히 보는 마음이 생겨나 이 아이를 살리게 되었습니다. 멀리서 이 광경을 바라보던 미리암이 공주 앞으로 가서 놀라운 말을 합니다.

"그의 누이가 바로의 딸에게 이르되 내가 가서 당신을 위하여 히브리 여인 중에서 유모를 불러다가 이 아기에게 젖을 먹이게 하리이까"(출2:7).

이 말은 이미 공주가 히브리 사내아이를 자신의 자녀로 받아들이기로 결정했다는 것을 암시하는 말입니다. 사실 미리암이 이렇게 얘기해서는 안 되는 것입니다. 정직하게 말한다면 자신은 이 아이의 누나인데 어머니가 멀리서 지켜보고 계시고 이 아이가 어떻게 되는지 따라오면서 지켜보다가 여기까지 왔노라고 해야 합니다. 하지만 미리암은 7살 임에도 아주 지혜롭게 말한 것입니다. 하나님께서 내 자녀의 머릿속에 지혜를 넣어주시고 내 가정에 기도가 응답되며 캄캄한 속에 빛을 주심을 믿으시기 바랍니다. 결국 공주는 미리암에게 유모를 데리고 오라고 합니다. 단숨에 엄마에게 달려간 미리암은 일어난 일을 모두 말하고 공주 앞으로 엄마를 이끕니다. 공주 앞에 선 요게벳에게 공주는 말합니다.

"바로의 딸이 그에게 이르되 이 아기를 데려다가 나를 위하여 젖을 먹이라 내가 그 삯을 주리라 여인이 아기를 데려다가 젖을 먹이더니"(출2:9).

공주는 요게벳에게 궁궐에 와서 젖을 먹이라고 하는 것이 아니라 아이를 데리고 가서 젖을 먹이라고 말합니다.

"그 아기가 자라매 바로의 딸에게로 데려가니 그가 그의 아들이 되니라…"(출2:10).

아기가 자라서 공주에게 데리고 간 것은 아이가 젖을 뗀 3,4세 정도였을 것입니다. 젖을 먹이는 동안 어머니는 아이에게 많은 말들을 해 주었을 것입니다. '너는 히브리사람이다. 하나님께서 너를 살려주셨다는 것을 분명히 알고 살아야한다' 어머니의 눈물의 기도와 말들은 비록 어린 아기였지만 그의 영적인 DNA속에 깊이 박혔을 것입니다.

"모세가 장성한 후에 한 번은 자기 형제들에게 나가서 그들이 고

되게 노동하는 것을 보더니 어떤 애굽 사람이 한 히브리 사람 곧 자기 형제를 치는 것을 본지라 좌우를 살펴 사람이 없음을 보고 그 애굽사람을 쳐 죽여 모래 속에 감추니라"(출2:11~12).

애굽의 궁궐에서 자란 모세가 어른이 된 후 자신의 동족인 히브리 사람이 고난을 당하는 것을 보고 구해야겠다는 마음을 어떻게 가지게 되었을까요?

"모세가 애굽 사람의 모든 지혜를 배워 그의 말과 하는 일들이 능하더라"(행7:22).

애굽의 궁궐에서 당시 최고의 학문을 배우며 차기 바로의 자리까지 오를 수 있는 위치에 있던 모세가 자신은 히브리사람이고 히브리 사람을 구원해야한다는 마음이 든 것은 그 어머니를 통해 심겨진 신앙의 모습이었습니다.

모세라는 이름은 '물에서 건져낸 자'라는 뜻입니다. 물에서 건짐을 받은 모세가 이스라엘 백성들을 물에서 건져내게 됩니다. 애굽의 군사들에게 들키면 죽임을 당하게 되는 그 울음이 오히려 공주의 눈에는 아이를 살리는 울음이 되었습니다. 공주의 마음에 불쌍히 여기는 마음을 넣어주신 하나님은 지금도 우리들의 마음속에 어떤 마음을 넣어줄까 감찰하시는 살아계신 하나님임을 믿으시기 바랍니다. 생명싸개되신 하나님께서 우리의 생명길을 인도하시는데 어떻게 인도하실까요?

1. 사망에서 생명으로 인도하십니다.

"그러므로 바로가 그의 모든 백성에게 명령하여 이르되 아들이 태어나거든 너희는 그를 나일강에 던지고 딸이거든 살려두라 하였더라"(출1:22).

애굽왕 바로가 이스라엘 민족에서 남자아이가 태어나면 죽이라고 명령을 내립니다. 이는 이스라엘 혈통을 멸절시킬 정책입니다. 더 이상 이스라엘 민족에게 소망이 없어진 것입니다. 그러나 하나님은 결코 이스라엘 민족을 버리지 않고 오히려 구원사역의 계획을 세우셨습니다. 하나님은 절대로 단절되지 않게 순적하게 인도하심을 믿으시기 바랍니다. 비록 위기에 처했을 때도 하나님의 인도하심을 바라고 염려하거나 절망하거나 포기하지 마십시오. 하나님의 자녀에게 위기는 구원의 기회, 구원을 위한 통과의례가 될 뿐입니다. 담대하게 극복하고 내일의 소망을 향해, 꿈을 향해 끝까지 전진하는 신앙이 되기 바랍니다.

2. 끝까지 신뢰하는 신앙은 책임지십니다.

"그 여자가 임신하여 아들을 낳으니 그가 잘 생긴 것을 보고 석 달 동안 그를 숨겼으나 더 숨길 수 없게 되매 그를 위하여 갈대상자를 가져다가 역청과 나무진을 칠하고 아기를 거기 담아 나일 강 가 갈대 사이에 두고"(출2:2~3).

아이가 태어난 지 석 달이 되자 더 이상 아이를 집에서는 숨길 수가 없게 되었습니다. 결국엔 이 아이를 나일강에 던져 나일강 신의 제물이 되게 할 수밖에 없습니다. 더 이상 우리의 힘으로는 어떻게 할 수 없는 한계상황이 올 때 우리가 할 수 있는 단 한 가지는 하나님이 어떻게 역사하시는가를 지켜보는 것입니다.

"레위 가족 중 한 사람이 가서 레위 여자에게 장가들어"(출2:1).

레위 가족이라고 말하는 이 사람은 아므람이고 레위 여자는 요게벳입니다. 이들은 모두 하나님께 예배를 드리는데 책임이 있는 레위 가문으로 신앙의 사람들입니다. 하지만 지금의 상황은 사내아이를 출산하고 그 아이를 숨겨둔 것이 밝혀지면 그 가족이 모두 몰살을 하는 상황입니다. 얼마나 위험천만한 상황입니까?

"믿음으로 모세가 났을 때 그 부모가 아름다운 아이임을 보고 석 달 동안 숨겨 왕의 명령을 무서워하지 아니하였으며"(히11:23).

왕의 명령이 무서운가 아니면 하나님의 뜻과 섭리가 중요한가 우리도 결정해야 할 때가 있습니다. 환경을 바라보고 두려워 떨 것인가 하나님의 말씀을 붙잡고 의지하며 살 것인가 결정해야 합니다. 우리의 환경은 우리를 위협합니다. 이런 환경 속에서도 하나님의 뜻을 의지하며 살겠다고 모험적인 행동을 하는 모세의 부모의 모습을 보고 하나님은 그 가족을 구원해주셨습니다. 풍전등화의 위기, 절체절명의 위기 속에서 굳건한 믿음을 가지고 있었던 부모의 믿음은 결국 자녀가 엄청난 축복의 자녀가 되게 했습니다. 찬송가 79장입니다. '주 하나님 지으신 모든 세계 내 마음 속에 그리어 볼 때 하늘의 별 울려 퍼지는 뇌성 주님의 권능 우주에 찼네 / 주님의 높고 위대하심을 내 영혼이 찬양하네 주님의 높고 위대하심을 내 영혼이 찬양하네(Then sings my soul my Savior God to Thee How great Thou art how great Thou art Then sings my soul my Savior God to Thee How great Thou art how great Thou art)'

다니엘의 세 친구 사드락, 메삭, 아벳느고는 하나님을 경외하는 신앙인이었습니다. 왕의 명령을 어길 것인가 아니면 하나님의 뜻을 따를 것인가! 바벨론의 느부갓네살 왕이 자신이 세운 금 신상에게 누구든지 엎드려 절을 하라, 그렇게 하지 않는 자는 맹렬히 타는 풀무불에 던져 넣겠다고 엄명을 내립니다. 하지만 사드락, 메삭, 아벳느고는 금 신상에 절하지 않았고 그것을 다른 사람들이 참소하여 왕에게 말합니다. 왕이 분노하여 그들을 왕 앞으로 끌어옵니다. 하지만 그들의 신앙은 왕 앞에서도 당당하고 굳건했습니다.

"왕이여 우리가 섬기는 하나님이 계시다면 우리를 맹렬히 타는 풀무불 가운데에서 능히 건져내시겠고 왕의 손에서도 건져내시리이다 그렇게 하지 아니하실지라도 왕이여 우리가 왕의 신들을 섬기지도 아니하고 왕이 세우신 금 신상에게 절하지도 아니할 줄을 아옵소서"(단3:17~18).

결국 왕의 분노가 가득하여 평소보다 풀무불을 칠 배나 뜨겁게 하라고 하고 그 속에 그들을 던져 넣게 합니다. 그러나 이 세 사람은 머리털도 그을리지 아니하고 겉옷 빛도 변하지 않고 불 탄 냄새도 없이 온전히 하나님이 지켜주셨습니다.

모세의 부모는 더 숨길 수가 없는 풍전등화의 상황에서 그때부터 역사하시는 하나님을 바라봤습니다. 성경은 언제나 우리에게 교훈을 주는 교과서입니다. 성경의 원리대로 살면 반드시 기적의 삶을 살게 됩니다. 지금도 단어, 명칭, 사람은 다르지만 똑같은 원리로 하나님은 역사하십니다. 생명길을 인도하시는 하나님은 그때나 지금이나 서양이나 동양이나 말씀대로 똑같이 역사하십니다.

최악의 상황에서 갈대상자를 만드는 어머니 요게벳, 그 상자를 '테

바트'라고 하고 영어로 'Ark(아크)'라고 합니다. 'Ark(아크)'는 방주를 뜻하고, 주님의 몸인 교회를 의미합니다.

"또 내가 네게 이르노니 너는 베드로라 내가 이 반석 위에 내 교회를 세우리니 음부의 권세가 이기지 못하리라"(마16:18).

교회는 어떤 흑암의 세력도 이기지 못하는 곳입니다. 교회는 하나님의 집이요 주님이 십자가에서 피로 세우신 몸 된 곳이기에 음부의 권세가 절대 이기지 못하는 곳입니다. 또 교회를 어머니라고 했습니다.

"오직 위에 있는 예루살렘은 자유자니 곧 우리 어머니라"(갈4:26).

교회는 우리 신앙의 어머니입니다. 교회는 영적인 어머니입니다. 우리가 예배할 때 왜 어머니 품속에 들어옵니까?

"예루살렘을 위하여 평안을 구하라 예루살렘을 사랑하는 자는 형통하리로다"(시122:6).

교회를 사랑하고 교회 속에서 보호받는 성도는 하나님의 사랑을 받게 됩니다. 나일강이 죽음의 강이었지만 모세는 나일강이 아니면 살 수 없었습니다. 오히려 나일강 때문에 살아난 것입니다. 홍해는 이스라엘 백성의 앞을 가로막아 죽이는 곳이었지만 이스라엘 백성들이 애굽의 군사들로부터 빠져나오게 한 곳이 바로 홍해였습니다. 홍해 때문에 하나님은 하나님의 백성을 구원하실 수 있었습니다. 공주는 바로가 봤을 때는 역적의 행동을 했고 궁궐은 모세에게 가장 위험한 곳의 한가운데입니다. 하지만 하나님은 그곳에서 역사하셨습니다. 하나님의 놀라우신 역사를 믿으시기 바랍니다. 하나님이 하시면 막을 자가 없습니다.

"그런즉 하나님이 우리가 주 예수 그리스도를 믿을 때에 주신 것과 같은 선물을 그들에게도 주셨으니 내가 누구이기에 하나님을 능히 막겠느냐 하더라"(행11:17).

3. 드려진 자 다시 찾아 더 귀하게 사용하심

이삭은 모리아 산에서 제물로 바쳐졌지만 하나님은 그에게 복을 주셔서 거부로 만드셨습니다.

"이삭이 그 땅에서 농사하여 그 해에 백 배나 얻었고 여호와께서 복을 주시므로 그 사람이 창대하고 왕성하여 마침내 거부가 되어"(창26:12~13).

갓 태어난 많은 히브리 사내아이들이 나일강에 던져져 떠내려가지만 그러나 기도하는 어머니 아버지가 최후의 순간까지도 하나님을 믿었던 이 가정의 이야기는 그들의 이야기일 뿐 아니라 우리 가정의 이야기가 되길 바랍니다. 기도하는 신앙의 가정에는 기적이 일어납니다. 하나님께 드려진 것은 절대 손해가 아닙니다. 하나님께 맡겨진 것은 결코 낭비가 아닙니다. 하나님은 반드시 기억하십니다. 그래서 그것을 더 존귀하게 더 귀하게 더 아름답게 쓰시는 것을 믿으시기 바랍니다. 하나님께 헌신하는 것은 절대로 손해가 아닙니다.

모세의 어머니 요게벳이 왜 자신에게 이런 일이 생겼느냐고 하나님을 원망했습니까? '하나님께 딸을 달라고 기도했는데 왜 아들을 주십니까' '이 아이가 왜 목소리가 커서 애굽 군사에게 들켜 가족이 몰살당할 위기에 닥치게 하십니까'하며 하나님을 절대 원망하지 않았습니다. 오히려 자신이 할 수 있는 최선을 다해서, 그의 한계성 끝까지 참아가며 신앙을 지켜서 결국 위대한 믿음의 길을 만들어내고 말았습니다. 눈물로 아들을 떠나보낼 갈대상자를 만들던 어머니는 결국 자신의 자녀를 품에 안고 젖을 먹이면서 공주로부터 삯을 받게 되었습니다.

    모세를 살리기 위해 요게벳과 미리암과 공주의 마음을 하나님이 움직이게 하셨습니다. 그리고 나중에 모세의 아내인 십보라는 광야에서 죽을 운명에 처한 모세를 살리게 됩니다. 모세는 4명의 여인들을 통해 살아나게 되었습니다. 어떤 의미로 보면 남자는 사람을 죽이려고 했으나 여인은 자신의 자녀를 살렸습니다. 그 여인은 지금의 교회입니다. 세상은 우리를 악하게 하지만 주님의 몸 된 교회는 우리를 살립니다. 위대한 신앙, 아름다운 신앙을 가지고 힘차게 살아가기 바랍니다.

4. 절망 중에서 구원을 보라

‖ 시 107:4~20 ‖

⁴그들이 광야 사막 길에서 방황하며 거주할 성읍을 찾지 못하고 ⁵주리고 목이 말라 그들의 영혼이 그들 안에서 피곤하였도다 ⁶이에 그들이 근심 중에 여호와께 부르짖으매 그들의 고통에서 건지시고 ⁷또 바른 길로 인도하사 거주할 성읍에 이르게 하셨도다 ⁸여호와의 인자하심과 인생에게 행하신 기적으로 말미암아 그를 찬송할지로다 ⁹그가 사모하는 영혼에게 만족을 주시며 주린 영혼에게 좋은 것으로 채워주심이로다 ¹⁰사람이 흑암과 사망의 그늘에 앉으며 곤고와 쇠사슬에 매임은 ¹¹하나님의 말씀을 거역하며 지존자의 뜻을 멸시함이라 ¹²그러므로 그가 고통을 주어 그들의 마음을 겸손하게 하셨으니 그들이 엎드러져도 돕는 자가 없었도다 ¹³이에 그들이 그 환난 중에 여호와께 부르짖으매 그들의 고통에서 구원하시되 ¹⁴흑암과 사망의 그늘에서 인도하여 내시고 그들의 얽어 맨 줄을 끊으셨도다 ¹⁵여호와의 인자하심과 인생에게 행하신 기적으로 말미암아 그를 찬송할지로다 ¹⁶그가 놋문을 깨뜨리시며 쇠빗장을 꺾으셨음이로다 ¹⁷미련한 자들은 그들의 죄악의 길을 따르고 그들의 악을 범하기 때문에 고난을 받아 ¹⁸그들은 그들의 모든 음식물을 싫어하게 되어 사망의 문에 이르렀도다 ¹⁹이에 그들이 그들의 고통 때문에 여호와께 부르짖으매 그가 그들의 고통에서 그들을 구원하시되 ²⁰그가 그의 말씀을 보내어 그들을 고치시고 위험한 지경에서 건지시는도다

우리 인생은 좋은 날보다 어려운 날이 더 많습니다. 그래서 어떤 사람은 인생은 절망의 감옥에 갇혀있다고 말했습니다. 솔로몬 왕은 전무후무한 부귀와 영화를 다 누렸어도 헛되고 헛되고 헛되니 모든 것이 헛되다고 말했습니다. 이런 헛된 세상에서 어떻게 살아가야 할까요? 소망을 주시는 하나님의 말씀에 의지해서 하나님을 바라보고 살아야 합니다.

미국의 닉슨대통령의 보좌관으로 있었던 척 콜슨은 그가 쓴 책

'Born again'에서 감옥생활을 하는 사람들을 세 가지 부류로 구분하고 있는데 한 죄수는 머리를 감옥의 벽에 부딪치며 피투성이가 된 채로 자해를 하고 있고, 한 죄수는 감방의 한쪽에 쪼그리고 앉아 깊이 한숨만 쉬며 꼼짝하지 않고 있고, 한 죄수는 출옥할 날을 기다리며 기회만 되면 운동장에 나가 햇볕을 쬐며 체력단련을 하고 있습니다. 이 감옥과도 같은 세상에서 우리는 어떻게 살아가야 할까요? 절망 중에서 우리가 어떤 자세를 가지길 원하십니까? 우리는 어떤 환경이 닥쳐도 절망하면 안 됩니다. 유명한 탤런트 고 최진실씨는 그의 몸무게가 원래는 45킬로그램이었으나 사람들의 악플과 주위의 비난으로 인해 절망할 때 그의 몸무게가 31킬로그램이 되며 영영 돌아오지 못할 길을 떠나고 말았습니다. 이 사건은 우리에게 무엇을 말해 주고 있습니까? 사람은 절망할 때도 있습니다. 하지만 그것에서 일어나는 것이 중요합니다. 우리나라와 사회와 가정들이 절망하고 불안 중에 있습니다. 밖에 나가려면 예전에는 자동차 키를 찾았지만 지금은 마스크부터 찾습니다. 세상이 이렇게 힘들어졌습니다. 성경의 엘리야도 힘든 때가 있었습니다. 열왕기상 19장에는 로뎀 나무 아래 앉아서 죽기를 구하며 하나님께 자신의 생명을 거두어달라고 합니다. 하지만 하나님이 천사를 보내셔서 그를 보살핌으로 40일 밤낮을 달려 하나님의 산 호렙에 도착하고 하나님의 음성과 명령을 듣습니다. 부활절 이전 40일 동안을 사순절기간이라고 합니다. '40'이라는 숫자는 중요한 숫자입니다. 그러나 더 중요한 것은 우리의 마음이 절망 가운데 일어나고 죽음가운데 부활하신 예수님을 의지하고 살아가는 것입니다.

본문의 배경은 이스라엘 민족이 바벨론에서의 포로생활을 통해 도저히 희망이 없고 포로에서 해방될 기미가 보이지 않던 시대입니다. 우리나라도 1905년 을사늑약 이후 1910년 한일합방이 된 시점부터 도저히 일본으로부터 빠져나올 기미가 보이지 않았습니다. 1919년 3월 1일 전국적인 독립만세운동은 일으켰으나 이후 일본은 더욱 더 악랄하게 우리민족을 괴롭게 했습니다. 어느 누구도 일본으로부터 해방을 꿈도 꾸지 못했었습니다. 그래서 우리 민족 중에 일본의 앞잡이노릇을 하는 사람들도 생겨난 것입니다. 우리나라에 희망을 가지지 못해서 그런 것입니다. 희망이 없는 사람은 자신의 인생도 망치고 역사도 망칩니다. 그러나 희망이 있는 사람은 끝까지 독립운동을 했고 결국 우리나라는 일본의 히로시마와 나가사키에 떨어진 원자폭탄으로 해방을 맞이하게 되었습니다. 이는 오직 하나님의 은혜였습니다. 이후 우리나라는 세계 2번째로 선교사를 많이 파송하는 나라가 되었습니다. 오직 우리나라의 힘만으로 여기까지 살아온 것입니까? 하나님의 은혜와 은총으로 여기까지 선 것입니다.

메소포타미아지역에서 강성했던 나라인 바벨론이 이스라엘에 쳐들어와 이스라엘을 멸망시키고 히브리 백성들을 모두 포로로 끌고 갑니다. 절망 중에 있는 이 백성들에게 하나님께서 소망을 주시는 것이 본문입니다. 결국 하나님은 파사의 고레스 왕을 통해 이스라엘 민족이 예루살렘으로 되돌아가도록 하게 하십니다. 예루살렘에 도착한 이스라엘 민족은 가장 먼저 성전을 재건하고 예루살렘 성을 복구하고 예배를 드렸습니다. 주님 안에서 꿈같은 역사는 반드시 일어납니다.

피조물인 인간은 아무리 힘쓰고 노력해도 한계가 있습니다.

"또 내가 하나님의 모든 행사를 살펴보니 해 아래에서 행해지는 일을 사람이 능히 알아낼 수 없도다 사람이 아무리 애써 알아보려고 할지라도 능히 알지 못하나니 비록 지혜자가 아노라 할지라도 능히 알아내지 못하리로다"(전8:17).

봄이 왔으나 봄이 아닙니다. 개나리, 매화, 진달래, 민들레, 이름 모를 꽃들이 피어나고 있지만 여전히 우리의 마음은 아닙니다.

"분명히 사람은 자기의 시기도 알지 못하나니 물고기들이 재난의 그물에 걸리고 새들이 올무에 걸림같이 인생들도 재앙의 날이 그들에게 홀연히 임하면 거기에 걸리느니라"(전9:12).

물고기가 그물에 걸릴 것을 알지 못하고 새들이 올무에 걸릴 것을 알지 못하듯이 사람도 재앙의 날이 올 것을 알지 못합니다. 그래서 우리는 창조주이신 하나님의 섭리 가운데 살아가고 있다는 것을 겸손한 마음으로 알아야 합니다. 오늘날의 이 일들이 인간의 한계성, 소유의 한계성을 인정하고 하나님만을 소망해야 한다고 말하고 있습니다.

하나님의 사랑을 기억해야 합니다.

"여호와의 속량을 받은 자들은 이같이 말할지어다 여호와께서 대적의 손에서 그들을 속량하사 동서남북 각 지방에서부터 모으셨도다"(시107:2~3).

절망을 극복하려면 하나님께서 우리를 사랑하시고 예수 그리스도 안에서 기도하는 자들에게 응답하신다는 하나님의 사랑을 늘 기억해야 합니다. 하나님은 하나님의 자녀인 우리를 용서하시고 어떤 절망 가운데도 반드시 좋은 길로 인도하십니다.

"긍휼이 풍성하신 하나님이 우리를 사랑하신 그 큰 사랑을 인하여 허물로 죽은 우리를 그리스도와 함께 살리셨고 (너희는 은혜로 구원을 받은 것이라) 또 함께 일으키사 그리스도 예수 안에서 함께 하늘에 앉히시니 이는 그리스도 예수 안에서 우리에게 자비하심으로써 그 은혜의 지극히 풍성함을 오는 여러 세대에 나타내려 하심이라"(엡2:4~7).

우리가 지금 이 땅에 살고 있지만 우리의 본향은 천국입니다. 때로는 속을 썩이는 것이 많고 환경이 힘들 때도 많습니다. 하지만 절대로 낙심해서는 안 됩니다. 강철왕 카네기(Andrew Carnegie, 1835~1919)의 사무실에는 낡은 그림이 있습니다. 물이 빠져나간 모래벌판에 녹슨 나룻배가 바닥을 드러내고 비스듬히 누워있고 노는 쓰지 못할 것처럼 보입니다. 이 그림의 아래에는 'Tide come certainly(밀물은 반드시 온다)'라고 쓰여 있습니다. 노와 배는 물이 다시 들어올 것을 기대하고 있다는 뜻입니다. 우리가 어떻게 살아야할까요? 반드시 나에게도 밀물의 때는 온다, 반드시 기쁨의 날은 온다는 믿음을 가지기 바랍니다.

1992년부터 미국의 대공황시대가 시작했습니다. 돈의 가치가 하락해서 기업은 도산되고 실업자가 말도 없이 늘어납니다. 그때 무신론자 따로우라는 사람이 강연을 합니다. '이 상황에서도 미국에 하나님이 계시다고 말할 수 있습니까? 이래도 하나님이 살아계시다고 말하겠습니까? 이렇게 상황이 처참할 수 없습니다.' 그러자 한 할머니가 손을 들고 말합니다. '그래도 나는 기뻐합니다. 예수님 때문에 나는 기쁩니다.' 그때 저쪽에서 '맞습니다. 나도 예수님 때문에 기뻐요.' 강연을 듣던 사람들이 여기저기에서 손을 들고 기쁘다고 말합니다. 결국 미국은 대공황을 잘 극복해내고 세계에 우뚝 섰습니다.

영국의 유명한 청교도 정치가 올리버 크롬웰(Oliver Cromwell, 1599~1658)이 갓난아기시절 할아버지 집에 갔는데 할아버지는 원숭이를 몇 마리 키우고 있었습니다. 유모가 어린 올리버에게 우유를 먹이고 있었는데 원숭이들이 그것을 지켜보고 있습니다. 우유를 다 먹이고 아기를 내려놓는 순간 원숭이가 다가와서 아기를 데리고 지붕 위로 올라갑니다. 집안에 난리가 났습니다. 아기를 데리러 사람들이 올라가자 원숭이는 더 높은 곳으로 아기를 데리고 올라갑니다. 이제 아기의 운명이 어떻게 될지 아무도 모릅니다. 그때 올리버의 할아버지가 집안에 있는 사람들을 모두 불러 모읍니다. 그리고 자신들의 힘으로는 아무것도 할 수 없으니 모두 기도하자고 합니다. 사람들이 모여 다같이 기도하기를 시작했는데 원숭이가 그 모습도 지켜보고 있습니다. 그리고 원숭이가 아기를 데리고 내려와서 사람들의 곁에서 기도하는 것을 흉내냅니다. 그래서 아기는 살아났습니다. 우리의 힘으로는 어찌할 수 없는 상황에서는 오직 하나님의 손길로 역사하시기를 기도해야 합니다.

"내 영혼아 네가 어찌하여 낙심하며 어찌하여 내 속에서 불안해하는가 너는 하나님께 소망을 두라 그가 나타나 도우심으로 말미암아 내 하나님을 여전히 찬송하리로다"(시43:5).

2. 하나님께 간절히 기도해야 합니다.

"이에 그들이 근심 중에 여호와께 부르짖으매 그들의 고통에서 건지시고 또 바른 길로 인도하사 거주할 성읍에 이르게 하셨도다"(시107:6~7).

"이에 그들이 환난 중에 여호와께 부르짖으매 그들의 고통에서 구원하시되 흑암과 사망의 그들에서 인도하여 내시고 그들의 얽어 맨 줄을 끊으셨도다"(시107:13~14).

"그가 놋문을 깨뜨리시며 쇠빗장을 꺾으셨음이로다"(시107:16).

종교는 명상하는 종교와 부르짖는 종교로 나뉠 수 있습니다. 헬레니즘 사상을 가지고 있는 종교는 명상하는 종교이고 불교도 명상하는 종교입니다. 유교에서도 공자가 부르짖으라고 말하는 부분은 없습니다. 소리치는 것을 오히려 점잖치 않다고 여깁니다. 그러나 기독교는 부르짖는 종교입니다. 성경에서는 성중에서 한 여자가 한 남자에게 겁탈을 당할 때 소리를 지르지 않았다면 모두 처벌하라고 합니다.

"너희는 그들을 성읍 문으로 끌어내고 그들을 돌로 쳐죽일 것이니 그 처녀는 성안에 있으면서도 소리 지르지 아니하였음이요 그 남자는 그 이웃의 아내를 욕보였음이라 너는 이같이 하여 너희 가운데 악을 제할지니라"(신22:24).

우리가 부르짖을 때 하나님은 우리를 도와주십니다. 절망을 주는 것은 마귀입니다. 우리가 부르짖을 때 마귀는 떠나갑니다. 부르짖어 기도해야 세상을 이기는 것입니다. 절망을 이길 수 있는 힘은 하나님께 부르짖는 것입니다. 포기하지 마세요, 낙심하지 마세요, 부르짖어 승리하기 바랍니다. 영국의 위대한 정치가 윈스턴 처칠(Winston Churchill, 1874~1965)이 한 졸업식에서 유명한 축사를 했습니다. '졸업생 여러분, 결코 포기하지 마세요. 절대로 포기하지 마세요(Never give up. Never give up).' 아무리 어려운 일이 닥쳐도 포기하지 마시기 바랍니다.

음악을 하는 사람은 음을 분별할 수 있는 힘이 있어야 합니다. 그래서 음악을 하는 사람이 귀가 들리지 않는다면 음악을 못한다고 생각합니다. 하지만 악성 베토벤이 귀가 들리지 않게 되었으나 포기하지 않고 계속해서 작곡을 하고 지휘를 했습니다. 교향곡 9번 '기쁨의 송시'를 작곡할 때 그에게 무슨 기쁨이 있었을까요 하지만 그 곡을 작곡하고 연주를 할 때 수많은 사람들이 일어나서 기립박수를 쳤습니다. 하지만 그는 들을 수 없었기에 그저 악보를 쳐다보고 빙그레 웃으며 정리하고 있었습니다. 하나님은 오직 하나님만 바라보고 포기하지 않는 사람에게 최고의 은총을 베풀어 주십니다.

개구리 세 마리가 우유가 담긴 통에 빠졌습니다. 도저히 그냥은 나올 수 없는 상황입니다. 두 마리는 자포자기하고 있다가 빠져 죽었습니다. 하지만 다른 한 마리는 계속해서 헤엄을 칩니다. 언제 소망이 있을까, 언제 나갈 수 있을까 고민하면서도 계속해서 헤엄을 쳤습니다. 그런데 어느 때부턴가 발 아래쪽의 우유가 조금씩 굳어지는 것을 느꼈습니다. 우유를 개구리가 계속해서 발로 저으면서 버터가 되어가고 있었던 것입니다. 그 후 더 굳어진 버터를 딛고 개구리는 밖으로 나올 수 있었습니다. 온 세상이 다 낙심하고 절망해도 하나님은 소망을 주십니다. 이것이 신앙입니다. 이것이 기독교입니다. 이것이 믿는 사람의 힘입니다. 하나님은 나를 도와주십니다. 하나님은 나를 회복하게 하십니다.

3. 잘못된 것을 회개해야 합니다.

"사람이 흑암과 사망의 그늘에 앉으며 곤고와 쇠사슬에 매임은 하나님의 말씀을 거역하며 지존자의 뜻을 멸시함이라"(시107:10~11).

근본적인 회개를 해야 해결됩니다. 중국의 원나라, 명나라, 청나라, 송나라, 당나라 역사에서 천재지변이 닥치면 황제는 하늘에 제사를 드린 것을 볼 수 있습니다. 왕이 회개를 하는 것입니다. 천재지변이 닥치면 물론 우리가 할 수 있는 것을 해야 하지만 우리의 죄를 하나님께 회개해야 합니다. 나에게 잘못된 것이 있는가 나를 돌아보고 회개해야 합니다. 영적으로 성숙한 사람도 죄를 범할 때가 있습니다. 하나님을 잘 믿는 사람도 실수할 때가 있습니다.

하지만 즉시 깨닫고 회개하면 하나님께서 다시 회복시켜주십니다. 그러나 영적으로 미숙하고 둔한 사람은 회개하라고 하면 오히려 기분나빠합니다. 하나님은 하나님 앞에 낮고 겸손한 자를 회복시켜주십니다. 한 성도가 기도를 하다가 하늘나라에 가게 되었습니다. 그곳에서 사탄이 하나님께 따져 묻는 것을 보게 됩니다. '하나님, 천국에 온 사람들 중에 죄를 많이 지은 사람도 있는데 그들은 용서해주셔서 천국에 오게 하셨으면서 저는 딱 한 번 잘못한 것밖에 없는데 저는 용서해주시지 않으세요?' 그러자 하나님께서 말씀하십니다. '사탄아, 네가 언제 나에게 용서해달라고 한 적 있느냐? 회개한 적이 있느냐?' 사람들이 멸망당하는 것은 죄가 많아서 멸망을 당하는 것이 아니라 회개하지 않기 때문에 망하는 것입니다. 회개하지 않기 때문에 소망이 없는 것입니다. 회개를 할 때 문제는 해결되고 인생이 바뀌게 됩니다.

"그러므로 그가 고통을 주어 그들의 마음을 겸손하게 하셨으니 그들이 엎드러져도 돕는 자가 없었도다"(시107:12).

회개하고 겸손하게 납작 엎드려 살려달라고 할 때 하나님은 반드시 회복시켜주십니다.

"사람이 교만하면 낮아지게 되겠고 마음이 겸손하면 영예를 얻으리라"(잠29:23).

"사람들이 너를 낮추거든 너는 교만했노라고 말하라 하나님은 겸손한 자를 구원하시리라"(욥22:29).

우리가 낮아지고 회개하고 겸손해지면 하나님은 반드시 우리를 회복시켜주십니다. 코로나 19로 인해 온 나라가 어려운 이때에 위로부터 우리들에게 이르기까지 온 국민이 잘못을 회개하고 교회와 성도들이 회개해야 합니다. 주변에서 사회적 거리두기나 모임을 자제하라고 하는데 저 교회는 예배당 문 열어놓고 예배드린다고 안 좋은 시선으로 봅니다. 실제로 무지로 인해 어려운 일을 당하는 교회도 있습니다. 신천지로 인해 교회가 이 사회의 잣대가 되어 세상 사람들이 기준을 교회로 두고 봅니다. 그리고 세상 사람들은 자신들이 천사인 양 교회를 손가락질을 합니다. 이때에 교회가 정말 예배다운 예배를 드리고 있는가, 정말 기도다운 기도를 하고 있는가, 정말 하나님의 말씀대로 살고 있는가 회개할 때 이번 코로나 19사태가 오히려 복음의 아름다운 계절이 될 것입니다.

그리스의 철학자 소크라테스는 정말 지혜가 많았습니다. 그가 한 말 중에 최고는 자신은 그저 자신의 무지를 알 뿐이라고 한 것입니다. '너 자신을 알라'는 말은 스스로에 대해 알고 있는가 모르고 있는가 그것을 알라는 것입니다. 소크라테스는 스스로가 무지한 사람이라는 것을 알고 있다고 말하지만 다른 사람들은 그를 지혜로운 사람이라고 합니다. 사람이 지혜 있는 척하면 자기를 모르는 사람입니다. 자기를 모르기 때문에 지혜로운 척합니다. 하나님을 믿는 사람은 하나님 앞에 타락하고 부패하고 선하지 못하고 죄인일 뿐입니다. 그래서 하나님의 은총이 필요하고 하나님께 도와달라고 해야 합니다. 이것이 바른 그리스도인이요 바른 성도의 모습입니다.

유명한 과학자 아인슈타인(Albert Einstein, 1879~1955)은 세계적인 물리학자요 과학자입니다. 그의 부인에게 기자가 질문했습니다. '위대한 과학자의 사모님으로 수학을 좀 아세요?' 부인은 모른다고 대답합니다. 그럼 물리학은 아느냐 묻자 또 모른다고 대답합니다. 그러자 남편이 지금 무슨 연구를 하고 있는지는 아느냐 묻습니다. 모른다고 대답하자 기자가 기가 막힌다는 듯이 진짜 아인슈타인 박사의 부인이 맞느냐 묻습니다. 그러자 부인이 대답합니다. '나는 아무것도 몰라요. 오직 그가 내 남편인 것만 압니다.'

우리가 하나님을 다는 모른다고 해도 하나님이 나의 아버지가 되시고 하나님이 나의 소망이 되시고 하나님이 나의 기쁨이 되시고 나의 도움이 되시고 나는 오직 하나님만 의지한다는 것만 알아도 됩니다. 그것이 중요합니다. 성경을 많이 알고 성경 몇 장 몇 절을 외우는 것보다 하나님 아버지가 어떤 분인가를 아는 것이 훨씬 더 중요합니다.

"악인은 그의 길을 불의한 자는 그의 생각을 버리고 여호와께로 돌아오라 그리하면 그가 긍휼히 여기시리라 우리 하나님께로 돌아오라 그가 너그럽게 용서하시리라"(사55:7).

"이는 내 생각이 너희의 생각과 다르며 내 길은 너희의 길과 다름이니라 여호와의 말씀이니라"(사55:8).

4. 하나님 말씀 앞에 돌아와야 합니다.

"이에 그들이 그들의 고통 때문에 여호와께 부르짖으매 그가 그들의 고통에서 그들을 구원하시되 그가 그의 말씀을 보내어 그들을 고치시고 위험한 지경에서 건지시는도다"(시107:19~20).

사도 바울이 자신과 함께 배에서 풍랑을 당한 사람들에게 이런 말을 했습니다.

"그러므로 여러분이여 안심하라 나는 내게 말씀하신 그대로 되리라고 하나님을 믿노라"(행27:25).

정말로 배에 탄 276명은 한 명도 죽지 않고 살아서 육지에 내렸습니다.

"너를 낮추시며 너를 주리게 하시며 또 너도 알지 못하며 네 조상들도 알지 못하던 만나를 네게 먹이신 것은 사람이 떡으로만 사는 것이 아니요 여호와의 입에서 나오는 모든 말씀으로 사는 줄을 네가 알게 하려 하심이니라"(신8:3).

"주의 말씀은 내 발에 등이요 내 길에 빛이니이다"(시119:105).

신자와 불신자의 차이점은 하나님의 말씀을 보지 못한다는 것입니다. 그래서 낙심합니다. 이를 영적으로 보면 영적 영양소의 부족이라고 할 수 있습니다. 사람의 육신도 영양소 하나만 부족해도 몸에 병이 생깁니다. 마그네슘이 부족하면 눈꺼풀이 떨리고 발이 저리고 밤에 잠을 잘 자기 힘들고 수족냉증에 걸리기 쉽고 돌연사까지 걸릴 수 있습니다. 마그네슘이 부족하게 되는 원인에는 커피를 많이 마시거나 스트레스를 많이 받거나 과일을 껍질까지 먹지 않는 것에 있다고 합니다. 마찬가지로 영적으로도 말씀을 먹지 못해 영적 영양소가 부족하면 항상 두려워하게 되고 기도가 부족하거나 찬송이 부족하거나 헌신이 부족하거나 사명감이 부족해도 문제가 생깁니다. 정상적인 삶이 되려면 영적인 영양소를 고루 갖추어야 합니다. 영의 눈이 건강해야 두려움이 없어집니다. 열왕기하에 보면 아람왕이 엘리사를 잡기 위해 엘리사가 있는 도단을 둘러쌉니다. 그러자 엘리사의 사환이 어찌하느냐며 두려워합니다. 그러자 엘리사가 말합니다.

"대답하되 두려워하지 말라 우리와 함께 한 자가 그들과 함께 한 자보다 많으니라 기도하여 이르되 여호와여 원하건대 그의 눈을 열어서 보게 하옵소서 하니 여호와께서 그 청년의 눈을 여시매 그가 보니 불말과 불병거가 산에 가득하여 엘리사를 둘렀더라"(왕하 6:16~17).

미국의 유명한 석유회사 스탠다드 오일사의 한 중역이 신실한 크리스천이었습니다. 그가 성경 출애굽기를 읽다가 모세를 담은 갈대 상자에 역청을 칠했다는 구절에서 이집트에서 석유가 날 것이라고 확신하고 지질학자를 보내어 조사하게 했더니 정말 석유가 있었다고 합니다. 하나님의 말씀을 의심해서는 안 됩니다.

"이러한 백성은 복이 있나니 여호와를 자기 하나님으로 삼는 백성은 복이 있도다"(시144:15).

하나님께서 우리에게 큰 은총을 주실 것을 믿고 하나님만을 신뢰하고 부르짖어 기도하며 하나님 말씀을 붙잡고 찬송하며 절망을 이겨나가길 바랍니다.

5. 하늘문이 열리는 신앙

‖ 창 28:16~19 ‖

[16]야곱이 잠이 깨어 이르되 여호와께서 과연 여기 계시거늘 내가 알지 못하였도다 [17]이에 두려워하여 이르되 두렵도다 이 곳이여 이것은 다름 아닌 하나님의 집이요 이는 하늘의 문이로다 하고 [18]야곱이 아침에 일찍이 일어나 베개로 삼았던 돌을 가져다가 기둥으로 세우고 그 위에 기름을 붓고 [19]그 곳 이름을 벧엘이라 하였더라 이 성의 옛 이름은 루스더라

농사를 짓는 농부들이 열심히 수고하지만 하늘문이 열리지 않으면 농사를 짓는 것이 헛된 것이 될 때가 많습니다. 바람도 햇빛도 비도 적당한 때에 적당히 내려야지 곡식이 익어가는 때에 폭우가 쏟아지거나 태풍이 분다면 절대로 열매를 먹을 수 없습니다. 뙤약볕이 너무 뜨겁게 온 천지가 가뭄이 들면 아무리 농부가 애를 써도 열매가 맺히지 않습니다. 농부뿐 아니라 국가, 가정, 개인도 하늘문이 열려야 합니다. 야곱은 어떻게 하늘문이 열리는 축복을 받았을까요?

1. 예수님을 믿는 신앙의 가정에 하늘문이 열립니다.

"야곱이 브엘세바에서 떠나 하란으로 향하여 가더니 한 곳에 이르러는 해가 진지라 거기서 유숙하려고 그곳의 한 돌을 가져다가 베개로 삼고 거기 누워 자더니 꿈에 본즉 사닥다리가 땅 위에 서 있는데

그 꼭대기가 하늘에 닿았고 또 본즉 하나님의 사자들이 그 위에서 오르락내리락하고 또 본즉 여호와께서 그 위에 서서 이르시되 나는 여호와니 너의 조부 아브라함의 하나님이요 이삭의 하나님이라 네가 누워 있는 땅을 내가 너와 네 자손에게 주리니"(창28:10~13).

어떤 신앙의 유산을 가지고 있느냐는 중요합니다. 세계 역사에는 믿음의 조상들을 가지고 있는 후손들이 하나님의 축복을 받은 경우가 많이 있었습니다. 본래 영국은 해적의 나라였습니다. 그래서 배들을 습격하고 대륙을 침략해서 갖은 약탈을 하면서 크리스천 귀부인들도 납치해서 데리고 와서 살았습니다. 그 여인들이 아이를 낳아서 키우면서 눈물로 신앙으로 자녀들을 양육하며 신앙의 자녀로 만들었고 이후 영국은 변화되어 믿음으로 사는 나라, 신사의 나라가 되었습니다. 부강한 나라가 되었고 해가 지지 않는 대영제국이 되어 세계를 지배했습니다. 영국의 신실한 청교도인들이 오직 신앙으로 살겠다고 미지의 땅을 찾아간 곳이 지금의 북아메리카대륙입니다. 그들이 세운 나라가 미국이었고 신앙의 조상들이 세운 그 나라가 지구의 최강국이 되어 그 자손들이 복을 누리고 있습니다. 반면 남아메리카대륙에는 사람들이 오직 금을 찾아 부자가 되겠다고 몰려들었던 곳이었습니다. 하지만 그곳에서 금도 찾지 못했고 지금까지도 가난한 나라가 되고 말았습니다. 남한과 북한을 비교해보면 그 차이점이 무엇입니까? 예전에는 북한이 남한보다 더 잘 살았습니다. 그러나 교회를 불사르고 폐쇄시키고 우상을 숭배하는 곳이 되어 지금에 이르렀습니다. 반면 남한은 작은 땅, 적은 인구, 가지고 있는 지하자원도 없지만 밤이면 십자가가 도시를 가득 밝히고 주일이면 천만 명이 예배를 드리는 모습을 하나님이 보시고 우리나라에 복을 주신 것입니다. 세계 지도를 보면 잘 사는 나라, 선진국, 문명국들은 기독교를 기반으로 살고 있습니다. 국기에 십자가 모양이 있는 나라들은 복지국가입니다. 반대로 못 사는 나라, 미개발국, 후진국들은 우상숭배가 많고 하나님을 알지 못합니다.

우리도 후손도 천 대까지 복을 받으려면 열심히 일하고 살아야 하지만 하나님을 온전히 믿는 신앙이 없다면 다 허사가 됩니다. 자녀들에게 신앙의 유산을 물려주는 것은 정말 중요하고 귀한 것입니다. 잣나무는 심은 지 30년이 지나야 나무 꼭대기에 열매가 달립니다. 우리가 가정을 위해서, 자녀들을 위해서 신앙의 씨앗을 심으면 손주들까지도 그 열매를 따먹고 천 대까지 복을 받게 하신다고 하셨습니다. 믿음으로 심으면 그 가정에 반드시 축복을 주십니다. 믿음으로 살고 믿음의 유산을 물려주면 자녀들은 하늘문이 열리는 축복을 반드시 받습니다.

2. 하나님 말씀대로 행할 때 하늘문이 열립니다.

구원은 믿음으로 받고 축복은 행한 대로 받습니다. 하나님은 우리가 심은 대로 거두게 하십니다. 하나님의 말씀대로 살면 하나님 앞에 씨앗을 심는 것입니다. 그러면 반드시 풍성한 열매를 걷게 됩니다.

"네가 네 하나님 여호와의 말씀을 삼가 듣고 내가 오늘 네게 명령하는 그의 모든 명령을 지켜 행하면 네 하나님 여호와께서 너를 세계 모든 민족 위에 뛰어나게 하실 것이라"(신28:1).

"여호와께서 너를 위하여 하늘의 아름다운 보고를 여시사 네 땅에

때를 따라 비를 내리시고 네 손으로 하는 모든 일에 복을 주시리니 네가 많은 민족에게 꾸어줄지라도 너는 꾸지 아니할 것이요"(신 28:12).

부모의 지갑을 열게 하는 자녀는 어떤 자녀입니까? 부모의 말을 잘 듣고 그 말씀대로 행동하고 부모의 마음에 들면 자녀에게 부모는 지갑을 열게 되어 있습니다. 아끼지 않고 주려고 합니다. 그러나 속 썩이고 부모의 마음을 아프게 하는 자녀에게는 지갑이 열리지 않습니다. 하나님의 지갑, 하나님의 아름다운 보고를 여는 사람은 하나님의 마음을 기쁘게 해 드리는 성도입니다. 어떤 분이 고아원에 가서 자녀를 입양하려고 합니다. 마침 2명의 아이가 2층 침대에서 놀고 있었는데 양부모 될 사람이 두 손을 넓게 벌리고 '아가, 뛰어 내려라'고 말했습니다. 한 아이가 겁 없이 뛰어 내렸고 한 아이는 우물쭈물하고 있습니다. 양부모가 될 사람이 어떤 아이를 선택했을까요? 우리도 하나님의 품에 겁 없이 뛰어 들어야 합니다. 신앙이란 좌우를 살피지 않고 겁 없이 오직 하나님만 바라보고 하나님께 달려드는 것입니다. 그것이 하나님을 기쁘시게 해드는 것입니다.

'복'이라는 말은 히브리어로 '아쉬레'라고 하고 '하나님께서 함께 계신다'는 뜻입니다. 하나님이 함께 하시는 사람이 하나님의 말씀대로 행할 때 하나님이 반드시 축복해 주십니다.

3. 온전한 십일조 생활을 할 때 하늘문이 열립니다.

"내가 기둥으로 세운 이 돌이 하나님의 집이 될 것이요 하나님께서 내게 주신 모든 것에서 십분의 일을 내가 반드시 하나님께 드리겠나이다 하였더라"(창28:22).

말씀을 전하는 목사님이나 말씀을 듣는 성도나 십일조에 대한 말씀은 부담스럽다고 합니다. 이는 십일조를 돈 문제로 보기 때문입니다. 아닙니다. 십일조는 돈 얘기를 하는 것이 아닙니다. 십일조는 축복의 이야기입니다.

"만군의 여호와가 이르노라 너희의 온전한 십일조를 창고에 들여 나의 집에 양식이 있게 하고 그것으로 나를 시험하여 내가 하늘 문을 열고 너희에게 복을 쌓을 곳이 없도록 붓지 아니하나 보라"(말 3:10).

세계에서 십일조를 가장 잘하는 민족은 유대민족입니다. 3500년 동안 십일조생활을 지켰고 모든 수입에 대해 철저하게 십일조를 드렸습니다. 세계적으로 가장 부요한 민족, 돈을 제일 많이 가진 민족, 미국 40대 재벌 중 24개가 유대인의 것입니다. 한 논문에서 십일조 생활을 한 4천명에 대해 조사했는데 3990명이 복을 받았고 10명이 복을 받지 못한 것으로 조사되었습니다. 그들은 십일조를 드리기는 했지만 온전히 드리지 않았다고 말합니다.

이중표 목사님의 설교 중에 한 예화입니다. 한 성도가 3100만 원을 십일조로 드린 것을 보고 무슨 일이냐 물었다고 합니다. 그 가정에 심각한 문제가 생겨 몇 달을 기도해도 응답이 없어서 답답해서 하나님께 왜 응답해주지 않으시냐 물었더니 '네가 내 것을 도둑질하지 않았느냐'라는 감동이 왔다고 합니다. 무슨 말씀인지 곰곰이 생각하던 중에 남편의 퇴직금에 대한 십일조를 내지 않았던 것이 떠올랐습니다. 온전히 십일조를 드려야겠다고 마음먹고 은행에 가서 돈을 찾는데 몇 달 잊어버리고 있던 이자도 함께 드려야겠다는 마음이 들어서 3100만 원을 십일조로 냈다는 것입니다.

몽골에서는 겨울에 땔감으로 말려둔 소똥을 사용합니다. 석탄은 금방 타버리지만 말린 소똥은 온기를 오래 간직하고 있어서 아주 귀한 연료입니다. 하루는 초신자가 선교사에게 와서 어떻게 해야 십일조를 바로 드리는 것이냐, 꼭 돈으로만 드려야하나 묻습니다. 선교사가 말하기를 소가 10마리이면 소 1마리, 양이 20마리이면 2마리, 뭐든 주신 것에 십일조를 드리면 된다고 말해주었습니다. 다음 주일에 교회 안이 온통 소똥냄새로 가득합니다. 강단 앞에 소똥을 한 자루를 갖다 놓고 십일조로 드리는 것이라고 써놓았습니다. 선교사는 그 초신자에게 간절하게 축복기도를 해주었습니다. 놀라운 것은 다음날부터 온 동네 소들이 그 초신자의 집 앞에 와서 똥을 누기 시작합니다. 겨울을 날 수 있는 귀한 연료가 가득해진 것입니다.

강문호 목사님의 설교집에 나온 이야기입니다. 강원도 산골 교회에 집회를 가게 되었는데 워낙 산골이라 강사가 묵을 곳이 마땅하지 않아 그 교회에서 가장 부유한 성도의 집에서 묵게 되었습니다. 마침 그 집에 할머니가 있는데 류마티스 관절염으로 움직일 수 없어서 몇 달 째 교회를 못가고 있었습니다. 집회가 끝나고 강사 목사님이 집에 오면 그 할머니가 목사님을 붙잡고 오늘은 무슨 말씀을 하셨느냐며 자신의 옆에 와서 말씀을 해달라고 합니다. 십일조 설교를 한 날도 집에 와서 할머니에게 아까 했던 십일조 설교를 하는데 할머니가 자신의 다리가 낫지 않고 아픈 것이 하나님께 십일조를 제대로 드리지 않아서 그런 것이라고, 사람의 돈도 떼먹으면 안 되는데 하나님 돈을 떼먹고 어떻게 자신이 잘 되겠느냐며 그동안 드리지 않았던 십일조까지 다 드려야겠다고 하면서 6백만 원을 드렸습니다. 이후 할머니는 건강해져서 다시 교회에 잘 다니게 되었고 할머니의 딸이 강문호 목사님의 교회에 출석하게 되었다고 합니다.

4. 기도하면 하늘문이 열립니다.

"진실로 너희에게 이르노니 무엇이든지 너희가 땅에서 매면 하늘에서도 매일 것이요 무엇이든지 땅에서 풀면 하늘에서도 풀리리라 진실로 다시 너희에게 이르노니 너희 중의 두 사람이 땅에서 합심하여 무엇이든지 구하면 하늘에 계신 내 아버지께서 그들을 위하여 이루게 하시리라"(마18:18~19).

엘리야는 기도할 때 하늘을 닫게 했습니다. 다시 기도할 때 하늘이 열려 단비가 내렸습니다. 영국의 자선사업가 조지 뮬러 목사님은 6천 명이 넘는 고아들을 길렀습니다. 하루는 식사담당이 목사님에게 아이들에게 줄 식사가 없다고 말합니다. 목사님은 걱정하지 말라고 하나님이 주실 것이라고 말합니다. 식사 때가 되자 식사시간을 알리는 종을 치라고 합니다. 종을 치자 아이들이 식당으로 모여드는데 자신들 앞에는 빈 접시만 있습니다. 목사님이 다 같이 식사기도하자고 하고 머리를 숙여 일용할 양식을 주셔서 감사하다고 하나님께 기도합니다. 기도가 끝나자 밖에서 문을 두드리는 소리가 들립니다. 나가 보니 한 신사가 일꾼 몇 명과 함께 큰 상자들을 가지고 서 있습니다. 그리고 말하기를 오래전부터 목사님께 도움을 드리려고 했는데 이제야 왔다면서 상자를 내미는데 안에는 빵, 고기, 야채가 가득했습니다.

기도는 거룩한 믿음의 언어입니다. 그것이 하늘문을 여는 것입니다. 우리의 말이 믿음의 말, 우리의 기도는 믿음의 기도가 되어야 합니다.

"죽고 사는 것이 혀의 힘에 달렸나니 혀를 쓰기 좋아하는 자는 혀의 열매를 먹으리라"(잠18:21).

우리는 하나님의 형상으로 지음 받았습니다. 하나님은 말씀으로 천지를 창조하셨습니다. 하나님이 말씀하신 대로 다 이루어졌습니다. 우리도 마찬가지입니다. 우리가 말한 대로 그대로 이루어집니다. 책 '행복 그리고 성공을 만드는 언어'에 언어는 육체에 영향을 미치고 뇌 속에 언어중추신경이 모든 신경계를 지배하므로 언어치료법에도 있듯 나는 건강해진다는 말을 반복하면 정말 몸이 건강해지게 된다고 합니다. 우리가 말씀을 들을 때 아멘, 아멘으로 화답하면 그 말씀대로 우리에게 이루어집니다. 언어는 마음과 생각을 변화시킵니다. 생명의 근원이 마음에서 나옵니다. 말로 인생을 바꿀 수 있습니다. 언어는 행동을 지배합니다. 그래서 번지점프를 할 때 '할 수 있다'라고 말한 사람은 뛸 수 있지만 무서워서 못하겠다고 말하는 사람은 절대 못 뜁니다. 언어는 환경과 운명을 지배합니다. 자기상을 변화시킬 수 있고 언어는 하나님의 마음도 움직입니다.

"그들에게 이르기를 여호와의 말씀에 내 삶을 두고 맹세하노라 너희 말이 내 귀에 들린 대로 내가 너희에게 행하리니"(민14:28).

베드로가 한 말이 예수님께 칭찬을 들었습니다.

"시몬 베드로가 대답하여 이르되 주는 그리스도시오 살아계신 하나님의 아들이시니이다"(마16:16).

"내가 천국열쇠를 네게 주리니 네가 땅에서 무엇이든지 매면 하늘에서도 매일 것이요 네가 땅에서 무엇이든지 풀면 하늘에서도 풀리리라 하시고"(마16:19).

하늘문이 열리길 원한다면 현실에서 우리의 모습이 비록 무능하고 부정하더라도 믿음의 말을 써야합니다. 그러면 반드시 하늘문이 열립니다.

"볼지어다 내가 네 앞에 열린 문을 두었으되 능히 닫을 사람이 없으리라 내가 네 행위를 아노니 네가 작은 능력을 가지고서도 내 말을 지키며 내 이름을 배반하지 아니하였도다"(계3:8).

"홀연히 하늘로부터 급하고 강한 바람 같은 소리가 있어 그들이 앉은 온 집에 가득하며"(행2:2).

전남 신안군 증도는 2200여 명이 사는데 90퍼센트가 예수님을 믿고 11개의 교회가 세워진 천국섬이 되었습니다. 그곳에 복음을 전한 사람은 목사님도 아니고 선교사도 아닌 작은 여인 문준경 전도사입니다. 문준경 전도사는 결혼하고 1년 만에 쫓겨난 후 이성복 목사님의 부흥회에 은혜를 받고 난 후 전도하는데 일생을 바치기로 결심하고 홀로 섬들을 돌아다니며 복음을 전했습니다.

의사 전도왕 포천 중문 의대에 이병욱 장로는 수많은 고생과 어려움 속에서도 하늘문을 열어달라고 기도했습니다. 결국 하나님은 그에게 엄청난 축복을 주셔서 간증의 일생을 살게 하셨습니다. 그는 'NEW 3D'를 말하는데 'Dream(꿈)' 'Dynamic(역동)' 'Dramatic(극적)' 입니다. 자신은 하나님 안에서 꿈을 가지고 역동적으로 극적으로 살아왔고 앞으로도 그렇게 살아갈 것이라는 것입니다.

하늘문이 열리면 안 되는 일이 없습니다. 하나님께서 우리나라에 하늘문이 열리는 축복을 주셔서 여기까지 살아왔는데 앞으로도 계속 하늘문이 열리도록 기도하는 이 나라, 민족, 교회, 가정, 성도가 되기 바랍니다.

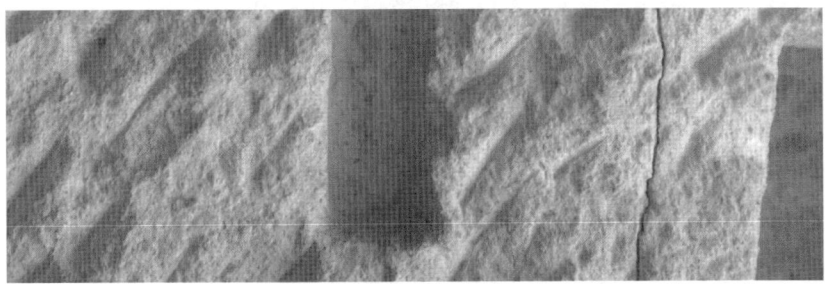

chapter 3.
온전한 예배의 신앙

1. 영성

‖ 요 4:6~21 ‖

⁶거기 또 야곱의 우물이 있더라 예수께서 길 가시다가 피곤하여 우물 곁에 그대로 앉으시니 때가 여섯 시쯤 되었더라 ⁷사마리아 여자 한 사람이 물을 길으러 왔으매 예수께서 물을 좀 달라 하시니 ⁸이는 제자들이 먹을 것을 사러 그 동네에 들어갔음이러라 ⁹사마리아 여자가 이르되 당신은 유대인으로서 어찌하여 사마리아 여자인 나에게 물을 달라 하나이까 하니 이는 유대인이 사마리아인과 상종하지 아니함이러라 ¹⁰예수께서 대답하여 이르시되 네가 만일 하나님의 선물과 또 네게 물 좀 달라 하는 이가 누구인 줄 알았더라면 네가 그에게 구하였을 것이요 그가 생수를 네게 주었으리라 ¹¹여자가 이르되 주여 물 길을 그릇도 없고 이 우물은 깊은데 어디서 당신이 그 생수를 얻겠사옵나이까 ¹²우리 조상 야곱이 이 우물을 우리에게 주셨고 또 여기서 자기와 자기 아들들과 짐승이 다 마셨는데 당신이 야곱보다 더 크니이까 ¹³예수께서 대답하여 이르시되 이 물을 마시는 자마다 다시 목마르려니와 ¹⁴내가 주는 물을 마시는 자는 영원히 목마르지 아니하리니 내가 주는 물은 그 속에서 영생하도록 솟아나는 샘물이 되리라 ¹⁵여자가 이르되 주여 그런 물을 내게 주사 목마르지도 않고 또 여기 물 길으러 오지도 않게 하옵소서 ¹⁶이르시되 가서 네 남편을 불러 오라 ¹⁷여자가 대답하여 이르되 나는 남편이 없나이다 예수께서 이르시되 네가 남편이 없다 하는 말이 옳도다 ¹⁸너에게 남편 다섯이 있었고 지금 있는 자도 네 남편이 아니니 네 말이 참되도다 ¹⁹여자가 이르되 주여 내가 보니 선지자로소이다 ²⁰우리 조상들은 이 산에서 예배하였는데 당신들의 말은 예배할 곳이 예루살렘에 있다 하더이다 ²¹예수께서 이르시되 여자여 내 말을 믿으라 이 산에서도 말고 예루살렘에서도 말고 너희가 아버지께 예배할 때가 이르리라

본문은 예수님께서 우물가에서 여인과 대화하는 장면입니다. 여러 가지 내용이 나오지만 그 중 예배에 대한 말씀이 가장 중요합니다. 예배의 영성에 대한 말씀입니다. 예배는 잘 드리려는 노력이 필요합니다. 그리고 이례적인 예배가 아닌 끈기 있는 노력으로 훈련받는 예배가 되어야 합니다. 영적으로 훈련되어야 거룩한 예배를 올려

드릴 수 있습니다.

아베베(Abebe Bikila)는 마라톤에서 두 번이나 올림픽 금메달을 딴 사람으로 끈기가 있고 강인한 사람이었고 사람들은 그를 '맨발의 아베베'라 불렀습니다. 그런데 교통사고로 다리를 잃었습니다. 그런 그가 훗날 오슬로 장애인 올림픽에서 금메달을 따고 다음해는 썰매를 끄는 장애인 올림픽에서 1등을 했습니다. 1970년도 런던 장애인 올림픽에서는 이디오피아 감독으로 출전했습니다. 지칠 줄 모르는 끈기를 가졌던 그의 모습을 사람들은 존경하고 사랑합니다. 피눈물 나는 노력으로 일궈낸 성과입니다.

하나님을 의지하고 사모하는 영성도 훈련이 뒷받침 되어야 합니다. 신앙은 훈련으로 이루어집니다. 결국 예배의 성공자는 일생의 성공자가 된다는 것을 성경은 말씀합니다. 왜 그렇습니까? 하나님은 예배 시간에 사람을 찾으십니다. 예배를 영어로 'Service'라 하는데 하나님을 섬기는 서비스입니다. 인생은 예배의 연속입니다. 출생예배, 돌 예배, 약혼과 결혼 예배, 이사 예배, 병원 심방 예배, 죽음을 앞두고 임종예배, 입관, 발인, 하관예배로 무덤에 들어가기까지 예배를 드리며 그 후에도 가족들은 추모예배를 드립니다. 천국에 간 사람들은 영원히 하나님 앞에서 예배를 드리기 때문에 일생이 예배의 연속이며 예배는 그리스도인의 생활입니다.

본문에서 예수님은 수가성의 우물가에 물을 길러 온 사마리아 여인과 물, 남편, 예배에 관한 대화를 나누십니다. 예수님이 여인에게 물을 달라고 하자 그 여인은 유대인으로서 어찌 사마리아 여인에게 물을 달라 하느냐 반문합니다. 그때 예수님이 대답하십니다.

"예수께서 대답하여 이르시되 네가 만일 하나님의 선물과 또 네게 물 좀 달라 하는 이가 누구인 줄 알았더라면 네가 그에게 구하였을 것이요 그가 생수를 네게 주었으리라"(요4:10).

여인은 먹는 물을 말하고 예수님은 영원한 샘 근원이 되시는 예수님을 말씀하십니다.

"예수께서 대답하여 이르시되 이 물을 마시는 자마다 다시 목마르려니와 내가 주는 물을 마시는 자는 영원히 목마르지 아니하리니 내가 주는 물은 그 속에서 영생하도록 솟아나는 샘물이 되리라"(요4:13~14).

예수님이 여인에게 남편을 불러 오라 하실 때 여인은 남편이 없다고 말합니다.

"여자가 대답하여 이르되 나는 남편이 없나이다 예수께서 이르시되 네가 남편이 없다 하는 말이 옳도다"(요4:17).

예수님이 여인의 가장 아픈 곳을 찌른 것입니다. 하지만 여인은 순응하고 예수님이 선지자가 되심을 고백합니다.

"여자가 이르되 주여 내가 보니 선지자로소이다"(요4:19).

그리고 예배에 대한 이야기가 시작됩니다. 예수님은 영적 예배에 관해 말씀하십니다.

"아버지께 참되게 예배하는 자들은 영과 진리로 예배할 때가 오나니 곧 이 때라 아버지께서는 자기에게 이렇게 예배하는 자들을 찾으시느니라"(요4:23).

"여자가 이르되 메시야 곧 그리스도라 하는 이가 오실 줄을 내가 아노니 그가 오시면 모든 것을 우리에게 알려 주시리이다"(요4:25).

"예수께서 이르시되 네게 말하는 내가 그라 하시니라"(요4:26).

하나님은 예배하는 사람을 찾으십니다. 하나님이 가장 기뻐하시는 사람은 예배자입니다. 반대로 마귀는 예배드리는 것을 가장 싫어하기 때문에 신령과 진정으로 예배를 드리지 못하도록 방해합니다. 끊임없이 시험에 들게 하고 불화를 일으켜서 예배당에 가지 못하게 합니다.

예배는 드리는 예배가 있고 보는 예배가 있습니다. 예배를 보는 것은 자신의 위치에서 본 관점입니다. 예배를 보시는 분은 오직 한 분 하나님이시고 하나님은 예배를 드리는 자를 찾으십니다. 덴마크의 키에르케고르(Søren Aabye Kierkegaard, 1813~1855.)는 예배에는 관중석에 앉아있는 관객 예배와 직접 활동하는 배우 예배가 있다고 했습니다. 결국 관객 예배는 보는 예배이고 배우 예배는 드리는 예배입니다. 관객은 연극을 보는 사람이고 배우는 연극하는 사람입니다. 관객으로 예배를 드리는지 배우로서 예배를 드리는지 자신을 살펴보십시오. 관객이 아닌 배우처럼 예배를 드려야 합니다. 배우는 자기 맘대로 하지 않고 감독의 말에 복종합니다. 정해진 시나리오나 대사를 하고 제 시간에 제자리에 있어야 합니다. 시간표대로 움직이며 정해진 위치와 할 일에 대해 감독의 지시에 복종합니다. 마찬가지로 주일은 하나님의 명령이며 하나님의 시간입니다. 화요일이 좋다고 그 날을 주일로 삼을 수 없습니다. 의식주 생활에서 우리의 감독은 아버지 하나님이십니다.

나를 이 땅으로 보내실 때 육신의 아버지를 통해 보내셨습니다. 육의 아버지에게는 효도라는 단어를 쓰지만 하나님께는 절대 복종해야 합니다. 우리에게는 또 영의 아버지가 있습니다. 하나님은 영이시기 때문에 그 말씀을 받아 전하는 사람을 영의 아버지라 합니다. 의식주에 관한 모든 일을 하나님 아버지께 상의할 때 영의 아버지가 되는 목사님께 상의해야 합니다. 하나님 아버지께 기도했다면 육신의 아버지와 영의 아버지께 상의해야 합니다.

"안식일을 기억하여 거룩하게 지키라"(출20:8).

여섯째 날까지는 힘써 일하지만 일곱째 날은 기억하고 거룩한 날로 지키라고 명령하십니다. 우리는 늘 하나님의 명령 앞에 순종해야 합니다. 예배는 부탁이나 권면하신 것이 아니고 바람도 아니고 무조건 복종해야 할 사항입니다. 배우에게는 무조건 복종이 있을 뿐입니다. 배우의 심정으로 살 때 예배의 영성이 살아납니다. 예배의 영성이 살아나기 위해서는 어떤 훈련을 해야 할까요?

1. 결석 금지

관객은 빠져도 연극은 진행되지만 배우가 빠진다면 연극은 진행될 수 없습니다. 예배자가 예배시간에 결석하면 안 됩니다. 그 자리에 있어야 합니다. 기름 부어서 세운 예배 처소를 비울 수 없습니다. 목숨 걸고 예배에 참석해야 합니다.

월남 전쟁을 향한 파병 군인들이 부산항에서 배를 타고 월남으로 가는데 8일 동안 배를 타고 가야 합니다. 마침 내일이 주일인데 그 배에 신학교 2학년생인 청년이 타고 있었습니다. 그 배 안에서 군목도 없이 주일을 맞이하게 되자 미군 선장실에 가서 말합니다.

"선장님, 내일이 주일인데 이 배 안에 오백 명 이상의 기독교인이 있을 테니 내일 예배 드려도 되겠습니까?"

선장의 허락을 받고 내일 예배가 있으니 전쟁터에서 하나님이 생명을 지켜줄 것을 기도하고자 하는 사람은 모두 오시라고 방송으로 알렸습니다. 다음 날 강당에는 천이백 명 중 천 명 이상이 모였습니다. 군목도 없으니 청년부 활동하던 청년이 사회를 보고 기도하고 신학교 2학년생이 설교를 했습니다. 예배가 끝날 무렵 한 청년이 손을 번쩍 들고 배 안에서 딱히 할 일도 없으니 월남에 도착할 때까지 9일 동안 새벽예배를 드리자고 건의했습니다. 그렇게 9일 동안 새벽 예배를 드렸는데 하나님이 지켜 주셔서 파병 갔던 1200명의 군인들이 모두 건강하게 우리나라로 돌아올 수 있었다고 국민 일보에 실린 기사를 보았습니다.

설교 중에 어떤 사람이 자꾸 두리번거려서 목사님이 신경이 쓰였습니다. 설교 후 그 분에게서 계돈 받아야 할 이 집사가 왔는지 찾아 보았다는 말에 목사님이 묻습니다.

"계돈 받으러 왔습니까, 예배를 드리러 왔습니까?"

"겸해서 왔습니다."

"예배는 겸할 수 없습니다."

훌륭한 목사님이십니다.

어느 장로님이 아들 손잡고 억지로 예배당에 데려오다가 출장을 가게 되어 아들에게 주일 잘 지키라고 신신당부하고 외국으로 출장 갔습니다. 주일에 아들에게 전화를 합니다.

"예배 드렸니?"

"네."

"누가 기도했니?"

"늦게 가서 몰라요."

"목사님이 무슨 설교하셨니?"

"조느라 못 들었어요."

"헌금 찬양은 누가 했어?"

"먼저 나와서 몰라요."

이것이 예배입니까? 예배시간에 관객은 지각할 수 있지만 배우는 지각하면 안 됩니다. 예배자는 배우입니다. 예배자의 생명은 예배입니다.

"너희는 안식일을 지킬지니 이는 너희에게 거룩한 날이 됨이니라 그 날을 더럽히는 자는 모두 죽일지며 그 날에 일하는 자는 모두 그 백성 중에서 그 생명이 끊어지리라"(출31:14).

1924년 올림픽에서 영국의 리델(Liddel)이라는 마라토너는 출전하는 날이 주일이라는 이유로 출전을 거부했습니다. 나라의 명예를 위해 출전하라는 감독의 독려에도 그는 하나님께 예배드리기 위해 거절했습니다. 여왕이 경기를 지켜본다는 말에도 출전하지 않았습니다. 다음 월요일에 마침 400m를 뛸 선수가 없습니다. 그는 마라톤 선수였지만 400m에 도전했고 세계 신기록을 세웠습니다. 리델의 기적입니다. 그는 예배의 영성을 갖춘 선수였습니다.

관객은 졸 수 있지만 배우가 졸면 연극을 진행할 수 없습니다. 예배시간에 정신을 바짝 차리고 십자가의 은총을 생각하며 예배를 드리십시오.

2. 행동금지

배우가 각본 없이 행동하지 않습니다. 예배자는 예배에 관한 행동만 해야 합니다. 주일에는 하나님을 기쁘시게 하는 행동 외에는 삼가야 합니다. 오락을 삼가고 거룩한 주일을 보내야 합니다.

"우리가 금식하되 어찌하여 주께서 보지 아니하시오며 우리가 마음을 괴롭게 하되 어찌하여 주께서 알아주지 아니하시나이까 보라 너희가 금식하는 날에 오락을 구하며 온갖 일을 시키는도다"(사 58:3).

무슨 말씀입니까? 거룩하게 예배드리는 훈련을 하나님은 보고 계십니다. '거룩'이란 '하기오스(άγιος)'라는 그리스어로 구약에서 380회 나옵니다. 불결한 것이 예배를 통해 성스럽게 바쳐지는 것입니다. 자신이 성스럽게 바쳐지는 예배, 많은 날 중 주일을 성스럽게 구별하여 아침부터 저녁까지 드리는 예배입니다. 링컨 대통령은 주일 예배를 드리는 자는 힘 있는 일생을 산다고 말했습니다. 그는 한 번도 주일 예배를 범하지 않았고 백악관을 기도실로 만들었습니다.

예배시간은 옷도 구별해서 입어야 합니다. 관객과 배우의 옷은 다릅니다. 관객은 아무 옷이나 입어도 되지만 배우는 감독이 입으라는 옷을 입어야 합니다. 예배자는 예배에 합당한 정중한 옷을 입어야 합니다. 구약 시대에는 3일 전부터 예물을 준비했습니다. 소와 양과 염소와 가난한 자는 산비둘기를 미리 준비하되 흠이 없는지 살폈습니다. 예배 때 입는 옷도 미리 준비하고 헌금도 미리 준비해야 합니다. 청교도인은 자신이 가진 최상의 옷, 최고의 옷을 입고 예배시간에 참석했습니다. 그래서 청교도인의 예배는 화려했습니다. 어떤 행동을 하며 예배를 드리고 있습니까? 예배의 훈련을 잘 받기를 축원합니다.

3. 제단 사랑 훈련

　배우는 자신이 있는 강단을 사랑하고 익숙해져야 합니다. 배우는 활동할 무대의 길이와 넓이를 잘 압니다. 배우가 잠깐 서는 강단을 사랑하듯 예배자는 교회를 사랑해야 합니다. 하나님이 계신 곳을 사랑하며 교회의 머리되신 예수 그리스도를 사랑합니다. 교회를 사랑하는 것이 예수님을 사랑하는 것이며 예배의 영성입니다. 교회를 사랑하는 자를 하나님이 사랑하십니다.

　배우는 연극을 할 때 즐겁게 외웁니다. 억지가 아닌 자신의 역할에 최선을 다합니다. 즐겁게 일할 때 능률이 오릅니다. 알프스 산이 좋아 산기슭에 사는 노인이 있었습니다. 알프스 산에 있는 길을 모르는 20대의 젊은 군인들을 훈련시키게 되었습니다. 노인이 산 위까지 앞장서서 올라갑니다. 산 정상에 올랐을 때 여전히 노인은 팔팔했지만 20대의 군인들은 모두 지쳐 쓰러졌습니다. 즐겁게 일하는 사람과 억지로 하는 사람의 차이가 이와 같습니다. 즐거운 마음으로 예배를 드리십시오.

　"만일 안식일에 네 발을 금하여 내 성일에 오락을 행하지 아니하고 안식일을 일컬어 즐거운 날이라 여호와의 성일을 존귀한 날이라 하여 이를 존귀하게 여기고 네 길로 행하지 아니하며 네 오락을 구하지 아니하며 사사로운 말을 하지 아니하면 .네가 여호와 안에서 즐거움을 얻을 것이라 내가 너를 땅의 높은 곳에 올리고 네 조상 야곱의 기업으로 기르리라 여호와의 입의 말씀이니라"(사58:13~14).

하나님이 기뻐하시는 예배를 드릴 때 즐거움을 얻게 하십니다. 세상을 살아갈 때 행복할 일이 없지만 하나님이 우리에게 행복을 주십니다. 그리고 높은 곳으로 올려 주셔서 머리가 되게 하십니다. 무슨 일을 하든 야곱의 축복의 기업을 주신다는 약속입니다. 하나님이 주신 최고의 선물은 주일입니다. 최고의 선물인 주일을 기쁘게 드리는 예배자가 되십시오. 유대인들은 안식일 하루 전날 맛있는 음식을 준비하여 안식일에 가족이 함께 모여 맛있게 먹습니다. 안식일을 온 가족이 기다려지는 날이 되게 한 유대인들처럼 주일 아침에 허둥지둥 준비하지 말고 그 전날 미리 준비하여 주일이 되면 자녀들과 함께 영의 양식도 최고로, 육의 양식도 최고로 먹는 안식일을 맞이하십시오. 주일이 최고로 즐거운 날이라는 인식을 심어주십시오.

예배자에게는 일곱 가지의 기(氣)가 필요합니다. 첫째는 눈에 총기가 있어야 하며, 얼굴에는 화기가 있어야 합니다. 예배드리는 모습이 밝게 빛나야 하는데 뚱한 표정으로 있으면 안 됩니다. 마음에는 열기가 있어야 하며 몸에는 향기가 있어야 하며 행동에는 용기와 어려울 때 끈기가 있어야 합니다. 자존심이 상하는 일이 있어도 오기가 있어서 기어이 넘어서야 합니다. 하나님 앞에 예배자로서 아름다운 일생이 되기를 축원합니다.

2. 예배 회복

‖ 계 3:14~22 ‖
¹⁴라오디게아 교회의 사자에게 편지하라 아멘이시요 충성되고 참된 증인이시요 하나님의 창조의 근본이신 이가 이르시되 ¹⁵내가 네 행위를 아노니 네가 차지도 아니하고 뜨겁지도 아니하도다 네가 차든지 뜨겁든지 하기를 원하노라 ¹⁶네가 이같이 미지근하여 뜨겁지도 아니하고 차지도 아니하니 내 입에서 너를 토하여 버리리라 ¹⁷네가 말하기를 나는 부자라 부요하여 부족한 것이 없다 하나 네 곤고한 것과 가련한 것과 가난한 것과 눈 먼 것과 벌거벗은 것을 알지 못하는도다 ¹⁸내가 너를 권하노니 내게서 불로 연단한 금을 사서 부요하게 하고 흰 옷을 사서 입어 벌거벗은 수치를 보이지 않게 하고 안약을 사서 눈에 발라 보게 하라 ¹⁹무릇 내가 사랑하는 자를 책망하여 징계하노니 그러므로 네가 열심을 내라 회개하라 ²⁰볼지어다 내가 문 밖에 서서 두드리노니 누구든지 내 음성을 듣고 문을 열면 내가 그에게로 들어가 그와 더불어 먹고 그는 나와 더불어 먹으리라 ²¹이기는 그에게는 내가 내 보좌에 함께 앉게 하여 주기를 내가 이기고 아버지 보좌에 함께 앉은 것과 같이 하리라 ²²귀 있는 자는 성령이 교회들에게 하시는 말씀을 들을지어다

하나님은 왜 우리를 창조하였을까요? 사람의 창조 목적은 예배를 통한 하나님께 찬양과 경배에 있습니다. 그렇다면 예배를 드릴 때 주시는 은총은 무엇입니까? 예배를 통해 우리의 기도에 응답하시고 치유해 주시며 축복이 임합니다.

그런데 하나님께서 받으시는 예배가 있고 받지 않으시는 예배가 있다는 것을 아십니까? 요한계시록 2장부터 3장까지는 7개의 초대교회가 나옵니다. 그 중 에베소 교회는 칭찬을 받지만 마지막에 나오는 라오디게아 교회의 예배는 예배가 아니라고 합니다. 무언가 칭찬받을 만한 것이 있어야 하는데 라오디게아 교회는 전혀 없습니다. 왜

그렇게 되었을까요? 라오디게아 교회는 예배에 문제가 있었습니다. 하나님이 받지 않는 예배는 성도들이 축복받지 못하고 기도응답이나 치유역사도 나타나지 않으며 하나님이 외면하시는 예배입니다. 라오디게아 교회의 예배가 그랬습니다. 혹시 오늘의 교회가 라오디게아 교회와 같지 않은지 살피며 참된 예배는 어떤 예배인지 알아야 합니다.

1. 하나님의 임재

예배가 예배답지 못할 때 하나님이 임재하지 않으십니다. 하나님이 계시지 않는 예배는 얼마나 비참합니까? 라오디게아 교회에는 하나님이 계시지 않았습니다.

"볼지어다 내가 문 밖에 서서 두드리노니 누구든지 내 음성을 듣고 문을 열면 내가 그에게로 들어가 그와 더불어 먹고 그는 나와 더불어 먹으리라"(계3:20).

'내가 문 밖에 서서 기다리노니'라고 했습니다. 이 말은 불신자를 향한 말이 아닙니다. 라오디게아 교회에 함께 하시지 않고 문 밖에 서서 기다린다 하였습니다. 하나님이 함께 하시는 것처럼 든든하고 소망이 있는 경우가 또 있습니까? 하지만 하나님이 문 밖에 서 계십니다. 라오디게아 교회에는 하나님이 계시지 않았습니다. 출애굽기 32장에 모세가 시내산에서 하나님께 십계명을 받으러 올라간 후 산 아래의 아론과 이스라엘 백성들은 자신들을 인도할 신이라고 금송아지를 만듭니다. 출애굽기 33장에 하나님은 이스라엘 백성에게 말씀합니다.

"너희를 젖과 꿀이 흐르는 땅에 이르게 하려니와 나는 너희와 함께 올라가지 아니하리니 너희는 목이 곧은 백성인즉 내가 길에서 너희를 진멸할까 염려함이니라 하시니"(출33:3).

출애굽기 34장이 되어서야 다시 언약을 세우고 비로소 하나님께서 친히 가리라 하십니다. 물론 하나님은 어디에나 계시는 무소부재(無所不在)의 하나님이시지만 특별히 계시는 곳이 있습니다. 무소부재하신 하나님이 너희와 함께 가지 않으시겠다고 하십니다. 구름기둥과 불기둥으로 역사하신 하나님은 함께 하심을 증명하셨습니다. 하지만 더 이상 함께 하시지 않는다고 말씀하시니 얼마나 두려운 일입니까?

로이드 존스(David Martyn Lloyd Jones)목사님이 50년 전 영국의 교회를 개탄하며 하나님이 계시지 않는 교회의 특징을 꼽았습니다. 성가대를 돈을 주고 사오고 회중들은 그 찬양을 듣기만 한다면 그 곳에 하나님의 영이 계시지 않는다고 했습니다. 50년 전 하나님이 계시지 않은 영국 교회는 지금 문을 닫거나 오락장이 되어 죄를 짓고 이슬람이 예배드리는 곳이 되었습니다. 오늘 예배드리는 이곳에 하나님이 임재하신다는 사실이 얼마나 중요합니까?

'주님, 이곳에 계셔서 우리의 기도를 들으소서.'

2. 하나님의 생명

하나님은 생명 그 자체입니다. 하나님이 모든 인간의 피조물을 주관하십니다.

"도둑이 오는 것은 도둑질하고 죽이고 멸망시키려는 것뿐이요 내가 온 것은 양으로 생명을 얻게 하고 더 풍성히 얻게 하려는 것이라"(요10:10).

"여호와는 나의 목자시니 내게 부족함이 없으리로다"(시23:1).

생명 되시는 주님이 함께 하시니 부족함이 없다고 다윗은 고백합니다. 하지만 라오디게아 교회는 하나님의 칭찬을 전혀 받지 못했습니다. 그들은 부요하고 부족함이 없다 하지만 실상은 어떠한지 주님은 말씀하십니다.

"네가 말하기를 나는 부자라 부요하여 부족한 것이 없다 하나 네 곤고한 것과 가련한 것과 가난한 것과 눈 먼 것과 벌거벗은 것을 알지 못하는도다"(계3:17).

왜 그럴까요? 하나님을 찾지 않고 하나님을 알지 못했습니다. 생명이 있는 하나님이 그 곳에 계신지 안 계신지 모르고 보지도 못하고 있습니다. 엘리 제사장도 영의 눈이 멀어 아들의 죄를 보지 못한 것이 문제였습니다(사무엘상 2장). 오늘 교회의 모습은 어떻습니까? 하나님의 교리를 아는 것에 급급하며 정작 생명으로 함께 하시는 하나님은 알지 못하고 있습니다.

"여호와여 내가 주와 변론할 때에는 주께서 의로우시니이다 그러나 내가 주께 질문하옵나니 악한 자의 길이 형통하며 반역한 자가 다 평안함은 무슨 까닭이니이까 주께서 그들을 심으시므로 그들이 뿌리가 박히고 장성하여 열매를 맺었거늘 그들의 입은 주께 가까우나 그들의 마음은 머니이다"(렘12:1~2).

입은 주에게 가까우나 마음은 멀리 있는 그는 하나님께 버려진 것을 알지 못합니다. 얼마나 무서운 말씀입니까? 결국 로이드 존슨 목사님은 생명이 없는 예배를 하는 형식적인 교회는 하나님의 역사가 나타날 수 없고 기대할 수도 없다 했습니다. 모든 것이 형식적이며 자만에 빠진 교회의 모습입니다. 현대의 예배가 생명력이 있으며 하나님의 임재를 체험하는지, 예배가 아닌 것을 예배로 착각하는지 살펴보아야 합니다. 자신의 신앙 자세를 두드려 봐야 합니다.

3. 주님을 향한 열정

주님을 향한 열정이 있습니까? 그 열정은 하나님을 아는 것, 교리와는 다른 것입니다.

"영생은 곧 유일하신 참 하나님과 그가 보내신 자 예수 그리스도를 아는 것이니이다"(요 17:3).

유일하신 예수님을 더 알기 원하며 음성 듣기를 원하십니까? 이런 마음의 열정이 있어야 합니다.

"내가 여호와께 바라는 한 가지 일 그것을 구하리니 곧 내가 내 평생에 여호와의 집에 살면서 여호와의 아름다움을 바라보며 그의 성전에서 사모하는 그것이라"(시27:4).

평생의 소원이 하나님의 성전에 사는 것이라 고백한 다윗은 사슴이 시냇물을 찾듯 한다고 했습니다. 사슴은 본래 피가 뜨거워서 시냇물을 찾아 헐떡입니다.

"하나님이여 사슴이 시냇물을 찾기에 갈급함 같이 내 영혼이 주를 찾기에 갈급하니이다"(시42:1).

"내 영혼이 하나님 곧 살아 계시는 하나님을 갈망하나니 내가 어느 때에 나아가서 하나님의 얼굴을 뵈올까 사람들이 종일 내게 하는 말이 네 하나님이 어디 있느뇨 하오니 내 눈물이 주야로 내 음식이 되었도다"(시42:2~3).

하나님을 직접 보기를 원하는 다윗은 대면하듯 뵙고 싶어 했습니다. 어떤 이는 바쁘고 일이 많다는 이유로 하나님을 만날 시간을 미룹니다. 바쁜 것과 일이 많은 것은 좋지만 하나님에 대한 열정이 없다면 무의미할 뿐입니다.

하나님을 갈망하는 것이 부흥입니다. 그리고 하나님을 아는 지식이 많아지기를 원하는 것이 열정입니다. 라오디게아 교회가 차지도 덥지도 않았기 때문에 하나님은 토하여 버린다 하셨습니다. 하나님을 보기를 원하는 열망, 더 가까이 하고자 하는 열정의 예배가 되어야 합니다.

4. 영적인 분별력

세상을 살면서 영적으로 바른 것을 분별할 수 있어야 합니다. 라오디게아 교회는 영적인 눈이 어두워서 가난하고 헐벗고 벌거벗은 것을 알지 못했습니다. 나는 부자고 부족함이 없다고 말하지만 영적인 수치 상태에 놓은 것을 알지 못했습니다.

"그에게 빛나고 깨끗한 세마포 옷을 입도록 허락하셨으니 이 세마포 옷은 성도들의 옳은 행실이로다 하더라"(계19:8).

세마포는 성도들의 옳은 행실이라 했는데 라오디게아 교회는 벗은 줄을 모르니 얼마나 안타깝습니까? 오늘날 능숙하고 화려한 프로그램의 전개가 예배가 아닙니다. 영적인 신앙생활은 하나님을 향한 열정이 있어야 하며 세상과 구별되어야 합니다. 참되며 생명 있는 예배가 되어야 합니다.

　교회가 마치 코로나를 확산시키는 근원지인 것처럼 방송에서는 말하지만 방역지침을 준수하지 않은 곳에서 확산되었을 뿐이며 방역지침을 철저히 지킨 곳은 감염되지 않았는데 마치 교회가 전염의 온상인 것처럼 하여 전국의 교회를 봉쇄하고 예배를 금지한 것은 잘못된 것입니다. 교회는 모이기를 폐하지 말고 모이기를 힘쓰며 마땅히 하나님께 예배하는 곳입니다. 마치 확산의 주범이 교회인 것처럼 하고 교회에서 예배를 드리는 것이 범죄인 양 신고하는 것은 말이 되지 않습니다. 교회를 희생양으로 만들어서는 안 되며 정부가 예배의 권리를 빼앗을 수는 없습니다. 예배는 사람의 필요에 의해 드리는 것이 아니라 하나님이 정하신 것입니다.

　비대면 예배란 교묘한 말입니다. 예배는 하나님을 대면하는 것인데 비대면 예배란 궤변일 뿐입니다. 속이는 말입니다. 비대면 예배는 예배가 아닙니다. 방역 수칙을 완벽히 지키며 예배하여 모든 성도가 주님의 축복을 받도록 기도하고 나라와 사회를 위해 기도하는 주의 백성이 되어야 합니다. 안식일을 거룩히 지키는 것은 하나님의 명령에 대한 순종입니다. 교회를 뜻하는 '에클레시아(Ecclesia)'는 하나님께서 불러낸 무리들의 모임이라는 뜻입니다. 모여서 예배하는 곳이 교회이며 그리스도의 몸입니다. 예수 그리스도께서 머리이시며 모든 성도는 지체들이기 때문에 혼자 예배를 드릴 수는 없습니다. 혼자서 예배를 드리는 것은 주님이 기뻐하시는 모습이 아닙니다. 그렇다면 구태여 온 땅을 다니며 복음을 전파할 필요가 없습니다.

　솔로몬 왕이 성전을 짓고 하나님께 기도합니다(왕상8:25~52).

'주여, 저희 기도를 들으소서. 범죄하거나 전쟁이 들거나 환난이나 온역이나 기근이 들어 이곳에서 기도할 때 기도를 들어 주옵소서.'

정부는 교회를 향해 방역 수칙을 철저히 지키며 온역이 속히 물러가도록 기도해 달라고 부탁해야 합니다. 비대면 예배라 하여 실컷 자고 누워서 예배드리거나 놀러 다니다가 핸드폰으로 예배드리는 것이 과연 예배일까요? 초대교회 성도들은 예루살렘을 떠나지 말고 약속하신 것을 기다리라 할 때 그들이 모여 간절히 기도했습니다. 그렇게 모여 간절히 기도했을 때 120명 모두 성령 충만을 받고 표적과 기사를 나타내며 담대히 주님을 전할 수 있었습니다. 비대면 예배는 교회 나오지 않는 교인에게 혼자서도 예배를 드릴 수 있다고 말할 핑계밖에 되지 않습니다. 신앙은 점차 약해질 것이며 결국 교회는 문을 닫을 위기에 처하게 됩니다. 교회에 올 필요가 없이 혼자 신앙 생활한다면 교회가 존재할 이유가 없습니다. 교회를 나오지 않아도 믿음 생활을 잘 지킬 수 있지 않겠느냐고 묻는 사람이 있습니다. 그것은 마치 활활 타오르는 화로에서 장작 하나를 꺼내어 밖으로 분리한 것과 같습니다. 타오르던 장작은 점차 불이 사그라지면서 꺼진 숯덩이가 될 뿐입니다. 아무리 뜨거운 신앙도 끄집어내어 혼자 예배를 드리면 그 신앙은 점차 약해지다가 소멸되며 그가 속한 교회는 문을 닫게 됩니다. 비대면 예배의 위험성을 알아야 합니다.

예배를 회복하고 하나님이 기뻐하시는 모습이 되어야 합니다. 이웃을 사랑하고 교회를 사랑하는 성도가 되시기 바랍니다. 라오디게아 교회는 하나님께 버려진 교회입니다. 밖에 서서 문을 두드리지만 문도 열어주지 않고 있습니다. 하나님이 함께 하시면 하나님의 임재와 하나님의 생명, 주님을 향한 열정을 가질 수 있습니다. 영적인 분별력으로 이 시대의 악한 영과 싸워 승리하여 민족을 위해 기도하며 이 나라 방방곡곡에 하나님의 축복이 임하도록 기도하는 주의 백성이 되기를 축원합니다.

3. 예배의 갈망

‖ 시 84:1~11 ‖

¹만군의 여호와여 주의 장막이 어찌 그리 사랑스러운지요 ²내 영혼이 여호와의 궁정을 사모하여 쇠약함이여 내 마음과 육체가 살아 계시는 하나님께 부르짖나이다 ³나의 왕, 나의 하나님, 만군의 여호와여 주의 제단에서 참새도 제 집을 얻고 제비도 새끼 둘 보금자리를 얻었나이다 ⁴주의 집에 사는 자들은 복이 있나니 그들이 항상 주를 찬송하리이다 (셀라) ⁵주께 힘을 얻고 그 마음에 시온의 대로가 있는 자는 복이 있나이다 ⁶그들이 눈물 골짜기로 지나갈 때에 그 곳에 많은 샘이 있을 것이며 이른 비가 복을 채워 주나이다 ⁷그들은 힘을 얻고 더 얻어 나아가 시온에서 하나님 앞에 각기 나타나리이다 ⁸만군의 하나님 여호와여 내 기도를 들으소서 야곱의 하나님이여 귀를 기울이소서 (셀라) ⁹우리 방패이신 하나님이여 주께서 기름 부으신 자의 얼굴을 살펴 보옵소서 ¹⁰주의 궁정에서의 한 날이 다른 곳에서의 천 날보다 나은즉 악인의 장막에 사는 것보다 내 하나님의 성전 문지기로 있는 것이 좋사오니 ¹¹여호와 하나님은 해요 방패이시라 여호와께서 은혜와 영화를 주시며 정직하게 행하는 자에게 좋은 것을 아끼지 아니하실 것임이니이다

목회자가 교인들의 신앙생활을 볼 때 두 가지 성도의 모습을 볼 수 있습니다. 예배를 소중히 여기는 분이 있고 예배를 소홀히 하는 분이 있습니다. 예배를 드리려고 최선을 다하며 주일에 교회에 가는 것을 안 빠지려고 출장을 갔었어도 토요일 밤이나 여의치 않으면 주일 새벽이라도 도착해서 예배에 참석하려고 애를 씁니다. 반면 예배에 쉽게 빠지며 예배시간을 기억하지 않고 편하게 자기 일을 하는 분도 있습니다.

하나님께서 찾으시는 사람은 예배를 소중히 여기는 사람입니다. 본래 예배는 하나님 앞에서 '코람데오'의 모습으로 드리는 것입니다. 본문 시편 84편은 어떤 사정이 있어 교회를 못 갈 때 마음이 공허하고 답답하며 얼마나 하나님의 성전이 그립든지 성전마당만 밟아도 좋겠다고 하소연하고 있습니다. 하나님의 성전, 교회를 사랑하고 사모하는 마음을 역력히 보여줍니다. 실은 주의 장막 즉 텐트, 천막으로 지은 모습이지만 주의 궁전, 주님의 제단, 주님의 집, 주님의 궁전(Palace)과 하나님의 성전으로 표현하고 있습니다. 시편 84편은 고라자손의 시입니다. '고라'는 레위지파 사람으로 광야에서 모세와 하나님을 대적하다가 땅이 갈라져 무참히 매몰되어 참혹하게 죽은 자입니다.

"엘리압의 아들은 느무엘과 다단과 아비람이라 이 다단과 아비람은 회중 가운데서 부름을 받은 자들이니 고라의 무리에 들어가서 모세와 아론을 거슬러 여호와께 반역할 때에 땅이 그 입을 벌려서 그 무리와 고라를 삼키매 그들이 죽었고 당시에 불이 이백 오십 명을 삼켜 징표가 되게 하였으나 고라의 아들들은 죽지 아니하였더라"(민 26:9~11).

고라의 아들들은 자신의 아버지가 죽는 모습을 그 앞에서 똑똑히 봤습니다. 하나님께서 자신들의 언행을 보고 계시는 것을 직접 겪었기 때문에 아버지와 달리 하나님을 잘 섬겼고 하나님의 전을 동경하며 사모하는 마음으로 성막 문지기로 봉사하며 찬양하고 작곡을 하고 지휘를 하고 성가대를 하며 하나님을 찬양했습니다.

본문에서는 천막으로 지은 성막을 '여호와의 궁정(Palace)'이라고 표현했습니다. 주의 궁전은 어떤 곳입니까? 첫째, 주님이 거하시는 집입니다.

"만군의 여호와여 주의 장막이 어찌 그리 사랑스러운지요"(시 84:1).

하나님의 장막은 광야생활 동안 만들어져 여기저기로 옮겨 다녔고 이후 솔로몬 성전이 세워지고 회당이 세워지고 지금의 예배당, 교회가 세워지게 되었습니다. 이곳에서 하나님은 자신을 그 백성들에게 계시하시고 그 백성들은 하나님께 예배드립니다. 하나님이 복을 주시는 곳, 거룩한 곳, 너무나도 사랑스러운 곳입니다.

둘째, 성도는 하나님의 전을 사모해야 합니다.

"주의 궁정에서의 한 날이 다른 곳에서의 천 날보다 나은즉 악인의 장막에 사는 것보다 내 하나님의 성전 문지기로 있는 것이 좋사오니"(시84:10).

이 땅에서 아무리 대단한 즐거움이나 쾌락을 누리는 것보다 하나님을 섬기며 사는 것이 더 좋다는 뜻입니다. 불신 세계의 높은 지위보다 하나님의 집에서의 낮은 지위를 더 귀하게 여기고, 하나님의 전에 문지기로 있으며 문을 열고 닫는 것이 악인 세상에서 높은 지위에서 호령하며 사는 것보다 좋아한다는 것입니다.

"나의 왕, 나의 하나님, 만군의 여호와여 주의 제단에서 참새도 제 집을 얻고 제비도 새끼 둘 보금자리를 얻었나이다 주의 집에 사는 자들은 복이 있나니 그들이 항상 주를 찬송하리이다 주께 힘을 얻고 그 마음에 시온의 대로가 있는 자는 복이 있나이다"(시84:3~5).

주의 제단, 성전에서 집을 얻은 참새, 제비와 주의 집에 사는 자들인 성도가 부럽고 하나님께서 우리의 힘이 되시는 것을 사모하고 갈망합니다. 그래서 NIV성경에서는 '아름다운 5S'라고 해서 '성전(sanctuary), 제비(swallow), 참새(sparrow), 성도(Saint), 힘(strength)'을 뜻하기도 합니다. 주님의 집에 거하며 주님과 교제하며 찬송하고 경배하고 예배드리는 것이 정말 복이 있는데 지금 자신들은 그렇게 하지 못하고 있다는 것입니다. 하나님의 성전에서 예배하며 헌신하는 참예배자가 되는 것이 중요합니다.

어떤 목사님이 영국으로 유학을 가서 공부하고 박사학위를 취득한 후 귀국을 해서 교회를 개척했습니다. 탁월한 실력이 있었기에 교회가 금방 부흥할 것으로 기대했는데 2년이 지나고 3년이 지나도 교회가 전혀 부흥되지 않았습니다. 하나님께 하소연을 하는데 하나님의 음성이 들립니다. '나는 네가 설교자가 아닌 예배자가 되길 원한다. 진정한 예배자가 되라' 이후 그는 변화했고 진정한 예배자가 되길 결심했습니다. 이후에 교회는 점차 부흥되기 시작했습니다. 하나님의 일을 한다는 긍지를 갖기 전에 하나님을 예배하는 예배자가 되어야 합니다. 예수님은 예수님과 제자들을 대접하기 위해 분주한 마르다보다 말씀을 듣기 위해 앉아있는 마리아를 왜 더 귀하게 여기셨습니까? 봉사하는 것도 물론 중요하지만 예배가 더 중요합니다. 예배만 잘 드려도 우리의 삶은 변화됩니다. 예배를 통해 죽을 영혼이 살아나고, 병든 영혼이 고침 받고 지옥 갈 영혼이 구원을 받게 됩니다. 예배자는 예배에 제물이 되어 예배에 헌신하는 사람입니다. 왜 예배가 그처럼 중요할까요?

1. 예배는 하나님께 영광을 드리는 것입니다.

인간이 할 수 있는 가장 위대한 일, 최고의 가치 있는 일은 예배입니다. 그래서 앵글로 색슨어의 유래로 보면 예배를 '워십(Worship)'이라고 하는데 'Worship(워십)'은 'Worth(가치 있는)'와 '-ship(~한 일)'의 합성어입니다. 예배를 통해 하나님을 신뢰하고 믿음을 갖는 것은 중요합니다. 믿음이라는 단어는 영어로 'trust'인데 이는 'true(진실)' 과 '-est(최상급의 접미사)'의 합성어로 믿음은 바로 최고의 진실을 뜻합니다. 하나님이 가장 기뻐하시는 것, 인간이 할 수 있는 가장 위대한 일, 신앙의 보석이 바로 예배를 드리는 것입니다. 하나님은 예배에서 참된 예배자를 찾으십니다. 예배를 갈망하고 사모하기 바랍니다.

좋은 구두는 신었을 때 발이 편한 것이고, 좋은 독서는 오직 그 내용에 집중할 수 있을 때이고, 좋은 예배는 옆에 누가 어떤 모습으로 있든 오직 하나님께만 집중할 수 있을 때입니다. 예배는 하나님을 기쁘시게 해 드리는 것이며 하나님께만 영광을 돌리는 것입니다. 나의 유익을 위해, 예배에서 내가 얻을 것이 무엇인가 따지는 것은 예배가 아닙니다. 어떻게 하면 하나님을 기쁘시게 해 드릴까, 하나님께서 나의 예배를 기뻐하셨을까, 하나님께 영광을 제대로 돌렸나, 하나님께서 나의 예배를 기쁘게 받으셨을까 이것이 예배의 정신입니다. 건강한 교회일수록 좋은 예배가 있습니다. 좋은 예배는 좋은 예배자가 있을 때 되어집니다. 그렇다면 나는 지금 좋은 예배자인가 고민해봐야 합니다.

2. 예배드림으로 하나님의 은혜를 받습니다.

예배의 기본은 상향성과 하향성입니다. 상향성은 하나님께 영광을 돌리는 것으로 영광송, 경배송, 모든 영광을 하나님께 올려 드리는 것입니다. 하향성은 하나님이 주시는 은혜, 축복, 응답이 임하는 것입니다.

본문에서 성전을 여호와의 궁정(palace)이라고 표현했는데 왕의 궁전에는 금은보화, 최고로 좋은 것이 모두 있습니다. 하나님께 예배하는 자에게는 하나님의 궁전에서 가장 좋은 것을 모두 부어주십니다. 어떤 것을 주십니까?

하나님을 예배하는 자를 축복해주십니다.

"주의 집에 사는 자들은 복이 있나니 그들이 항상 주를 찬송하리이다"(시84:4).

하나님을 예배하는 자에게 새 힘을 주십니다.

"주께 힘을 얻고 그 마음에 시온의 대로가 있는 자는 복이 있나이다"(시84:5).

하나님을 예배하는 자의 상처를 치유해주십니다.

"그들이 눈물 골짜기로 지나갈 때에 그곳에 많은 샘이 있을 것이며 이른 비가 복을 채워 주나이다"(시84:6).

하나님을 예배하는 자에게 절망을 극복하고 희망을 주십니다.

"그들은 힘을 얻고 더 얻어 나아가 시온에서 하나님 앞에 각기 나타나리이다"(시84:7).

하나님을 예배하는 자의 기도에 응답해주십니다.

"만군의 하나님 여호와여 내 기도를 들으소서 야곱의 하나님이여 귀를 기울이소서"(시84:8).

하나님을 예배하는 자에게는 헤세드, 형통의 은혜를 내려 주십니다.

"우리 방패이신 하나님이여 주께서 기름 부으신 자의 얼굴을 살펴 보옵소서"(시84:9).

하나님을 예배하는 자에게 좋은 것을 아낌없이 주십니다.

"여호와 하나님은 해요 방패이시라 여호와께서 은혜와 영화를 주시며 정직하게 행하는 자에게 좋은 것을 아끼지 아니하실 것임이니이다"(시84:11).

하나님을 예배하는 자에게 행복한 삶을 보장해주시고 순탄한 길로 인도하십니다.

"만군의 여호와여 주께 의지하는 자는 복이 있나이다"(시84:12).

그래서 교회에서 예배 생활이 행복하고 황홀하다고 표현합니다.

"주의 궁정에서의 한 날이 다른 곳에서의 천 날보다 나은즉 악인의 장막에 사는 것보다 내 하나님의 성전 문지기로 있는 것이 좋사오니"(시84:10).

성도는 여호와의 전을 사모해야 합니다. 왜 그럴까요?

첫째, 성도가 복을 받기 때문입니다.

"주의 집에 사는 자들은 복이 있나니 그들이 항상 주를 찬송하리이다"(시84:4).

하나님은 하나님의 성전을 통해서 축복하십니다. 예배를 통해서 하나님의 신비한 은총을 받고 기적이 일어납니다. 가난한 사람이 부요하게 되고 불행한 사람이 행복을 얻고 상처받은 사람이 치유가 일어납니다.

둘째, 성도가 힘을 얻기 때문입니다. 어떤 힘을 얻습니까? 새 힘을 주십니다.

"힘을 얻고 그 마음에 시온의 대로가 있는 자는 복이 있나이다"(시 84:5).

"피곤한 자에게는 능력을 주시며 무능한 자에게는 힘을 더하시나니 소년이라도 피곤하며 곤비하며 장정이라도 넘어지며 쓰러지되 오직 여호와를 앙망하는 자는 새 힘을 얻으리니 독수리가 날개치며 올라감 같을 것이요 달음박질하여도 곤비하지 아니하겠고 걸어가도 피곤하지 아니하리로다"(사40:29~31).

엘리야가 로뎀나무 아래에서 죽기를 기다릴 때도 하나님은 새 힘을 주셨습니다. 그리고 봉사할 수 있는 힘을 주십니다. 하나님을 섬길 수 있는 건강도 주시고 물질, 사업, 직장도 세워주십니다. 우리가 가정도, 사회도 세울 수 있는 힘은 하나님을 예배할 때 생깁니다. 지금의 힘든 코로나 상황에서 정부는 기독교인에게 오히려 하나님께 간절히 기도하고 예배해서 이 고난을 물리쳐달라고 부탁을 해야 합니다. 또 이길 수 있는 힘을 주십니다. 성령의 능력, 권능으로 사탄과 세상을 이길 힘, 영적전투에서 이길 힘을 주십니다. 세우는 힘을 주십니다. 교회를 세우고 가정을 세우고 나라와 국가, 민족을 세울 수 있는 힘을 주십니다. 그리고 구원하는 힘, 사람을 살리는 힘을 주십니다.

셋째, 회복의 복을 받습니다. 세상에는 낙심된 일이 많습니다. 회사에서, 사회에서, 권력으로, 재력으로, 교만한 사람들이 많아 자신에게 열등감이 생기고 낙심되는 일이 많습니다. 그러나 새 힘을 얻고 회복하기 위해 기도하고 찬양하고 예배를 드려야 합니다.

"그들이 눈물 골짜기로 지나갈 때에 그곳에 많은 샘이 있을 것이며 이른 비가 복을 채워주나이다"(시84:6).

질병, 고통, 가족, 친족, 자녀로 인해 눈물의 골짜기를 지날 때가 있습니다. 험악한 인생길로 낙심되고 좌절되고 힘을 잃을 때가 있습니다. 그때 성전을 사모하고 예배드려야 회복할 수 있습니다.

"만군의 하나님 여호와여 내 기도를 들으소서 야곱의 하나님이여 귀를 기울이소서"(시84:8).

하나님의 성전에서 기도해야 하나님이 응답해주십니다.

넷째, 은혜를 받습니다.

"여호와 하나님은 해요 방패이시라 여호와께서 은혜와 영화를 주시며 정직하게 행하는 자에게 좋은 것을 아끼지 아니하실 것임이니이다"(시84:11).

코로나로 인해 요즘은 예배를 비대면으로 바꾸고 성전에 모여서 예배를 드리지 말라고 한다고 교회에 나오는 것을 두려워하는 성도가 많습니다. 이것에 대해 이렇게 비유를 하고 싶습니다. 아기를 낳는 것이 무섭다고 미리 염려해서 결혼을 포기한 사람이 있다면 아기를 낳은 후에 맛보는 기쁨을 모르기 때문입니다. 우리 일생에 하나님께 받는 은혜가 얼마나 많은지 모릅니다. 세계적인 영웅 나폴레옹(Napoleon, 1769~1821)은 내 사전에 불가능이라는 말은 없다고 할 정도였습니다. 그러나 전쟁에서 패한 후 지중해의 외로운 섬 세인트헬레나 섬에 유배를 당합니다. 어떤 사람이 그에게 가장 행복한 때가 언제였느냐 물었을 때 그는 눈을 지그시 감고 생각에 잠기더니 눈물을 흘리며 수십 년 전에 알프스 산을 넘어 전쟁을 하고 있던 중에 어느 주일날 교회의 종소리가 들려 그 작은 교회에 가서 예배를 드리게 되었는데 성가대가 찬양하는 소리를 듣고 기도하던 중에 하나님의 은혜가 임했을 때가 가장 행복했었다고 말했다고 합니다.

성경에는 여러 가지 번역본이 있는데 메시지 성경에는 본문을 이렇게 기록했습니다. "주님의 집, 이 아름다운 예배처소에서 보내는 하루가 그리스 해변에서 보내는 날보다 낫습니다. 내가 죄의 궁궐에 손님으로 초대를 받느니 차라리 내 하나님의 집의 바닥을 닦겠습니다." 하나님의 성전에서 청소로, 주방에서, 주차로, 성가대로, 반주로, 각 부서에서 헌신하는 성도에게 하나님은 반드시 축복을 주십니다. 찰스 스펄전(Charles H. Spurgeon, 1834~1892) 목사는 '하나님의 최저가 마귀의 최고보다 낫다'고 말했습니다.

3. 축복받은 사람은 예배를 최우선하여 복 받은 자들입니다.

백화점 왕 존 워너메이커(John Wanamaker, 1838~1922), 세계최고의 갑부 존 록펠러(John D. Rockefeller, 1839~1937), 세계인의 존경을 받는 지미 카터(James Earl Carter Jr. 1924~)대통령 등은 교회 예배에 최우선을 두고 살아 하나님께 많은 복을 받은 사람들입니다. 우리나라에도 한국유리, 한국도자기, 모나미, 유한양행, 신원 에벤에셀, 고려은단, 종근당, 참존 화장품, 네이버 창업자, 풀무원, 치킨나라, 삼일물산 손태환 장로, 한사랑 유통 김성수 장로, 환기나라 조성근 장로, 금천MTB 황상준 장로 등 이외에도 주일성수와 예배로 복을 받은 사람과 기업이 참 많습니다.

　하나님께서 자기 백성들에게 복을 내리시는 유일한 통로는 예배입니다. 예배는 인간이 지으신 하나님의 가장 으뜸 목적이며 피조물인 인간에게 최고의 영광과 축복입니다. 이스라엘 백성들이 광야에서 하나님의 명령으로 성막을 지을 때 중앙에 성막을 세우고 모든 백성들은 성막의 주위 동서남북에 성막을 향해 자신들의 장막을 치게 했습니다. 이 모습은 하나님께 예배드리는 것이 최우선이라는 것을 상징하는 것입니다.

　공산주의자들은 그들의 유토피아를 위해서 교회를 없애고 하나님께 예배드리는 것을 금지했습니다. 결국 공산주의는 망하고 소련은 붕괴되었습니다. 예배를 없애면 얼마나 엄청난 불행이 생기는지 역사가 증언하고 있습니다. 우리의 영혼이 목마른 사슴이 시냇물을 찾듯이 예배를 갈망하고 예배가 우리 삶에 최우선이 되어야 합니다. 예배가 먼저, 최고의 경배, 거룩한 예배를 하나님께 드리시기 바랍니다.

　엘리 제사장의 두 아들 홉니와 비느하스는 성전에서 살았지만 마음의 예배가 제대로 되지 않았기에 하나님이 버렸습니다. 다윗은 실수도 하고 범죄도 하고 살인도 하고 간음도 했지만 그는 회개하고 기도하고 하나님만 바라고 예배를 사모했기에 하나님은 그를 사랑하셨습니다. 우리의 모습에서 부족한 것이 많습니다. 그러나 예배를 통해서 우리의 삶의 길이 열립니다. 주님께 예배하며 주님만 의지하기 바랍니다.

4. 예배의 양심

‖ 창 4:1~8 ‖

¹아담이 그의 아내 하와와 동침하매 하와가 임신하여 가인을 낳고 이르되 내가 여호와로 말미암아 득남하였다 하니라 ²그가 또 가인의 아우 아벨을 낳았는데 아벨은 양 치는 자였고 가인은 농사하는 자였더라 ³세월이 지난 후에 가인은 땅의 소산으로 제물을 삼아 여호와께 드렸고 ⁴아벨은 자기도 양의 첫 새끼와 그 기름으로 드렸더니 여호와께서 아벨과 그의 제물은 받으셨으나 ⁵가인과 그의 제물은 받지 아니하신지라 가인이 몹시 분하여 안색이 변하니 ⁶여호와께서 가인에게 이르시되 네가 분하여 함은 어찌 됨이며 안색이 변함은 어찌 됨이냐 ⁷네가 선을 행하면 어찌 낯을 들지 못하겠느냐 선을 행하지 아니하면 죄가 문에 엎드려 있느니라 죄가 너를 원하나 너는 죄를 다스릴지니라 ⁸가인이 그의 아우 아벨에게 말하고 그들이 들에 있을 때에 가인이 그의 아우 아벨을 쳐죽이니라

하나님은 가인의 제사는 받지 않으시고 아벨의 제사는 받으셨습니다. 두 사람이 함께 예배를 드렸지만 한 사람은 정말 하나님이 살아 계신가, 왜 내 제사는 받지 않으시고 동생만 사랑하는가 하며 화를 내면서 서로 다투다가 결국 동생을 들에서 쳐 죽였습니다. 인류 최초의 살인자가 됩니다.

가인은 형입니다. 가인이라는 이름은 하나님께서 주셔서 '득남하였다'라는 뜻을 가지고 있습니다. 가인은 얻은 사람이며 장자입니다. 장자는 모든 면에서 동생보다 여건이 좋습니다. 그에 비해 아벨의 이름은 '없다'는 뜻입니다. 없다는 뜻을 가진 아벨의 제사는 하나님께서 받으시고 '얻었다'는 뜻을 가진 가인의 제사는 받지 않으셨습니다. 왜 하나님은 가인의 예배는 받지 않으시고 아벨의 예배는 받으셨

을까요?

에서와 야곱도 형제이며 에서는 장남, 야곱은 동생입니다. 성품도 에서는 남자다운 반면 야곱은 엄마 치마폭에서 살았는데 말라기서에는 이렇게 적혀 있습니다.

"여호와께서 이르시되 내가 너희를 사랑하였노라 하나 너희는 이르기를 주께서 어떻게 우리를 사랑하셨나이까 하는도다 나 여호와가 말하노라 에서는 야곱의 형이 아니냐 그러나 내가 야곱을 사랑하였고 에서는 미워하였으며 그의 산들을 황폐하게 하였고 그의 산업을 광야의 이리들에게 넘겼느니라"(말1:2~3).

하나님께서 이삭과 이스마엘도 비교하여 설명합니다. 이스마엘은 먼저 낳은 아들이지만 인정하지 않으셨습니다. 아브라함의 아내 사라에게서 낳은 이삭을 약속의 아들이라 하셨습니다.

성경에는 두 개의 믿음의 줄기가 있습니다. 어떤 줄기는 축복받고 어떤 줄기는 버림받았습니다. 축복의 조건으로 예배를 들고 있습니다. 예배는 영어로 '워십(Worthship)'이라고 하며 이는 가장 가치가 있는 것이라는 뜻입니다.

"아벨은 자기도 양의 첫 새끼와 그 기름으로 드렸더니 여호와께서 아벨과 그의 제물은 받으셨으나 가인과 그의 제물은 받지 아니하신지라 가인이 몹시 분하여 안색이 변하니"(창4:4~5)

중요한 것은 예배의 제물을 먼저 보시는 것이 아닙니다. 과부가 두 렙돈을 드렸을 때 주님이 귀하게 보셨습니다. 헌금의 양이 아닌 헌금을 드린 가난한 과부의 마음 중심을 보신 것입니다. 어린 아이가 보리떡 다섯 개와 물고기 두 마리를 드렸을 때 예수님은 그것을 축복하셨습니다. 마리아가 예수님의 머리에 부은 옥합의 향유는 아주 귀한 것이었습니다. 가룟 유다는그것을 값으로 따지며 차라리 구제하는 데 쓰는 것이 낫다고 했지만 예수님께서는 자신의 장사를 미리 준비한 것이라고 칭찬하셨습니다. 중요한 것은 내 자신이 먼저 하나님께 열납되기 원하는 마음이 있어야 합니다. 기도할 때, 말씀을 들을 때 준비할 것이 있습니다.

첫째, 감사하는 마음이 넘쳐야 합니다. 생명을 지금까지 연장시켜 주신 것 감사, 구원받은 것 감사, 지금까지 두 다리로 서있게 하시고 두 눈으로 볼 수 있는 것 감사합니다. 대학병원에는 몇 달째 인공호흡기에 의지하여 생명을 이어가는 사람도 있습니다. 감사로 예배를 드리십시오. 예배드릴 때 감사함으로 마음이 꽉 차 있습니까?

둘째, 예배는 하나님께 감사의 표현으로 무엇을 어떻게 드릴까 생각해야 합니다. 무엇을 받을까, 무엇을 구할까 하는 생각으로 꽉 차 있으면 안 됩니다. 여전히 하나님께 달라고 구하는 기도를 하십니까, 감사함으로 꽉 찬 기도를 하십니까? 어떻게 하면 내 마음을 드릴 수 있을까 생각하는 예배가 되어야 합니다.

셋째, 바른 예배를 드리려면 바른 동기가 있어야 합니다. 예배의 동기를 어디에 두십니까? 구원 받은 것 감사하고 여기까지 나를 써주신 것 감사하며 무엇을 드릴까 생각하십니까? 드릴 것이 없으면 눈물을 드리십시오. 지금은 드릴 예물이 없다면 눈물을 드리고 서원하며 기도해야 합니다. 바른 동기가 되어야 바른 예배가 됩니다.

넷째, 온전히 하나님만 바라보는 예배가 되어야 합니다. 앞에 앉은 아기를 바라보며 눈을 맞추는 예배가 되지 말고 하나님께만 초점을 맞추는 예배가 되어야 합니다. 앉아있으면서도 생각은 다른 곳에 가 있고 해야 할 일과 세상일을 생각하는 것은 하나님께 온전히 집중하지 않는 모습입니다. 남편과 아내가 예배당에서 예배를 드린 후 아내가 말합니다.

"여보, 아무개 집사가 새로 산 차 봤어? 밍크코트 입은 것 봤어? 새로 산 가방은?"

"못 봤는데."

"그럼 당신은 뭘 보면서 예배드린 거야?"

"나는 십자가에 못 박히신 예수님을 생각하느라 눈물이 앞을 가려서 주님만 생각하며 예배를 드렸어."

누가 바른 예배를 드린 것입니까? 예배드릴 때에 아벨과 그 예물을 받으신 하나님께 자신이 먼저 합격자가 되시기를 축원합니다. '하나님의 목적을 저를 통해 이루어 주옵소서. 하나님의 뜻을 저를 통해 이루어 주옵소서.' 이럴 때, 참된 예배가 되는 것입니다.

예배를 드릴 때 어떤 모습이어야 할까요? 예배의 양심을 살펴보아야 합니다. 하늘에는 반짝이는 별이, 내 마음에는 하나님을 향해 빛나는 양심의 별이 있어야 합니다. 양심이 타락하고 불로 화인 맞은 사람은 모양은 사람이지만 사람이라 할 수 없습니다. 사람이 동물과 다른 점은 양심인데 아벨은 예배의 양심이 지켜졌기 때문에 하나님이 그와 그의 예물을 받으셨지만 가인은 예배의 양심이 지켜지지 않고 오히려 하나님이 열납하신 아벨에 대해 죽이려는 악을 품었습니다. 예수님께서도 형제와 화목하지 않은 일이 생각나거든 예물을 제단에 두고 먼저 형제와 화목한 후 예물을 드리라 했습니다.

"그러므로 예물을 제단에 드리려다가 거기서 네 형제에게 원망들 을 만한 일이 있는 것이 생각나거든 예물을 제단 앞에 두고 먼저 가서 형제와 화목하고 그 후에 와서 예물을 드리라"(마5:23~24).

예배 중에 악한 마음이 남아 있습니까? 하나님은 가인에게 말씀하십니다.

"네가 선을 행하면 어찌 낯을 들지 못하겠느냐 선을 행하지 아니하면 죄가 문에 엎드려 있느니라 죄가 너를 원하나 너는 죄를 다스릴지니라"(창4:7).

가인은 왜 실패했을까요? 악을 다스리지 못했기 때문입니다. 악을 다스려야 합니다. 선을 따르고 악을 다스려야 하는데 가인은 선을 따르지 않고 악을 다스리지 못해서 하나님께 버림받았습니다. 하나님이 우리를 기뻐하시도록 참된 예배자가 되시기를 축원합니다.

그럼 무엇이 바른 예배양심을 따르는 자세입니까?

1. 말씀대로 사는 양심

"아담이 그의 아내 하와와 동침하매 하와가 임신하여 가인을 낳고 이르되 내가 여호와로 말미암아 득남하였다 하니라"(창4:1~3).

가인은 '얻었다'는 뜻입니다.

"세월이 지난 후에 가인은 땅의 소산으로 제물을 삼아 여호와께 드렸고"(창4:3)

세월이 지났다는 것은 이들이 성장하였다는 말입니다. 아담과 하와가 하나님의 말씀을 거역하고 선악과를 따먹은 후 그것을 후회하면서 자식들에게 제단을 쌓는 것을 가르쳤습니다. 아벨은 예배드리는 모습을 그대로 배웠습니다. 물론 가인도 자라면서 아버지가 예배드리는 것을 보았습니다. 아버지는 아들이 예배드리는 것을 보는 것이 기쁩니다. 아버지로부터 예배를 배운 가인과 아벨이지만 실제로 가인은 하나님을 기쁘시게 하고자 하는 양심적인 예배를 드린 것이 아니었습니다. 가인은 모든 조건에서 아벨보다 우위에 있었지만 '없다'는 뜻의 아벨의 예배를 기쁘게 받으신 것을 주목해야 합니다. 혹시 포장만 화려한 예배를 드리지는 않습니까? 보기도 좋고 걷기에도 편한 아스팔트 위에서는 생명이 자라지 않지만 칙칙하고 냄새나는 거름덩이 위에는 생명의 싹이 올라옵니다. 비록 처지가 어려워서 아벨과 같이 없을지라도 하나님이 받으시는 귀한 예배를 드리십시오. 하나님의 말씀대로 사는 양심이 되어 말씀을 아멘으로 받고 말씀을 따라 사는 성도가 되십시오. 아벨처럼 하나님 앞에 인정받은 예배를 드리십시오.

"아론의 아들 나답과 아비후가 각기 향로를 가져다가 여호와께서 명령하시지 아니하신 다른 불을 담아 여호와 앞에 분향하였더니 불이 여호와 앞에서 나와 그들을 삼키매 그들이 여호와 앞에서 죽은지라"(레10:1~2).

똑같이 하나님 앞에 제물을 드렸지만 가인은 자기 생각대로 드렸습니다. 아벨이 두렵고 떨리는 마음, 경건한 마음으로 제물을 드려서 하나님이 그와 그의 제물을 받으신 것처럼 우리의 신앙의 양심이 모두 하나님 마음에 합한 예배가 되기를 축원합니다.

2. 악을 다스리는 양심

"가인과 그의 제물은 받지 아니하신지라 가인이 몹시 분하여 안색이 변하니 여호와께서 가인에게 이르시되 네가 분하여 함은 어찌 됨이며 안색이 변함은 어찌 됨이냐 네가 선을 행하면 어찌 낯을 들지 못하겠느냐 선을 행하지 아니하면 죄가 문에 엎드려 있느니라 죄가 너를 원하나 너는 죄를 다스릴지니라"(창4:5~7).

가인은 분해서 안색이 변했습니다. 가인은 속에서 분노가 일어나서 죄를 다스릴 힘이 없습니다. 악을 방치하는 모습입니다. 악한 사탄 마귀가 우리를 넘어뜨리려 하고 망치려 하고 지배하려 할 때 악을 다스릴 수 있는 힘이 있어야 합니다.

"가인 같이 하지 말라 그는 악한 자에게 속하여 그 아우를 죽였으니 어떤 이유로 죽였느냐 자기의 행위는 악하고 그의 아우의 행위는 의로움이라"(요일3:12).

악한 자들이 할 수만 있으면 넘어뜨리려 합니다. 마음속에 악을 다스리고 지배할 수 있는 은혜가 있어야 합니다. 죽은 양심, 화인 맞은 양심은 가인의 양심처럼 하나님께서 버린 양심이 됩니다.

"지혜가 길거리에서 부르며 광장에서 소리를 높이며 시끄러운 길목에서 소리를 지르며 성문 어귀와 성중에서 그 소리를 발하여 이르되 너희 어리석은 자들은 어리석음을 좋아하며 거만한 자들은 거만을 기뻐하며 미련한 자들은 지식을 미워하니 어느 때까지 하겠느냐"(잠1:20~22)

"나의 책망을 듣고 돌이키라 보라 내가 나의 영을 너희에게 부어 주며 내 말을 너희에게 보이리라"(잠1:23).

책망을 들을 때 돌이킬 수 있는 선한 마음이 되십시오. 중세에 예배의 교리를 잊어버려서 종교개혁이 일어난 것처럼 이 시대의 모습도 개혁이 일어나야 합니다. 미국의 플로리다 주에서는 어느 교회가 급행예배를 드린다는 광고를 크게 내었습니다. 설교와 기도, 찬송 모두 드려도 예배가 20분 안에 끝난다는 것입니다. 골프를 치고 낚시와 등산, 여행을 가려는 사람들의 편의를 위해 예배를 20분으로 끝내는 급행예배(Express Worship Service)를 드린다고 합니다. 실제로 20분 내로 끝납니다.

전에 설교를 2시간씩 할 때 어떤 교회에서는 1시간으로 끝나는 깔끔한 예배를 드린다고 자랑하던 목사님이 있었습니다. 그런데 예배시간을 깔끔하게 끝내는 것이 과연 하나님 편에서 택한 일일까요? 바울이 설교할 때 오래 설교를 해서 유두고라는 청년은 창틀에 앉아서 졸고 있다가 바닥에 떨어졌다고 합니다. 구약시대에는 아침부터 정오까지 예배를 드렸습니다. 물론 예배가 길다고 좋은 것은 아니지만 골프를 치고 낚시와 여행을 위해 급행예배를 드리는 것이 맞는 것일까요? 또 교회에 들어오지 않고 거대한 주차장에 대형 스크린을 놓고 차 안에서 예배드리는 곳도 있습니다. 차에서 내려와 예배당 안에 들어오는 것이 복잡하다고 자동차 안에서 드리는 현대 예배의 모습을 따르는 것은 어떻습니까? 또 인터넷 예배는 어떻습니까? 몸이 불편하고 스케줄이 바쁜 사람들을 위한 인터넷 설교를 듣는 것이 자랑스러운 시대가 되었습니다. 코로나 사건으로 인해 온라인으로 설교만 듣는 이런 예배들이 성행되고 있습니다.

중세시대에 무너진 종교가 개혁된 것처럼 이 시대도 개혁되어야 합니다. 예배가 개혁되지 않으면 가인의 제사처럼 하나님이 받지 않으시는 예배가 될 것입니다. 오늘도 우리의 예배는 개혁되어야 합니다. 코로나 이후의 예배는 어떤 모습이어야 하는지 포럼을 열고 인터넷 예배에 대한 정당성을 말하지만 과연 그것이 바른 예배가 될 수 있는지 생각해 보아야 합니다. 예배다운 예배를 드리십시오. 예배가 예배되게 해야 합니다.

3. 선을 키우는 양심

"가인이 그의 아우 아벨에게 말하고 그들이 들에 있을 때에 가인이 그의 아우 아벨을 쳐죽이니라"(창4:8).

성경번역 70인 역에는 이 부분에 대해 가인이 동생에게 들에 나가자고 말하고 들에 나가서 미래의 심판이나 지옥에 대해 서로 옥신각신하다가 아벨을 죽였다고 번역되어 있습니다. 미드라쉬(Midrash)라는 유대인의 문서에는 아벨이 키우는 양이 가인의 밭에 들어가 농사를 망쳐서 서로 다툼이 벌어져서 가인이 아벨을 죽였다고 적혀 있습니다. 어쨌든 공통점은 들에 나가자고 한 사람은 가인이었고 처음부터 꼬투리를 잡으려는 목적이 있었습니다.

"여호와께서 가인에게 이르시되 네 아우 아벨이 어디 있느냐 그가 이르되 내가 알지 못하나이다 내가 내 아우를 지키는 자니이까"(창4:9)

시치미 떼는 가인을 보십시오. 양심을 지키지 않는 모습입니다. 북한 동포들은 처절한 고통 속에서 사람대우를 받지 못한 채 살아가고 있습니다. 공산주의의 유물론은 선한 양심을 없애고 인간 정신을 무시하기 때문에 비참한 처지에 이르고 있습니다.

가인은 선을 죽이는 양심이었습니다. 선을 알고 선을 키우는 은혜로운 성도가 되기를 축원합니다. 잘못된 양심을 가진 가인은 하나님으로부터 버려졌습니다.

"땅이 그 입을 벌려 네 손에서부터 네 아우의 피를 받았은즉 네가 땅에서 저주를 받으리니 네가 밭을 갈아도 땅이 다시는 그 효력을 네게 주지 아니할 것이요 너는 땅에서 피하며 유리하는 자가 되리라"(창4:11~12).

"가인이 여호와 앞을 떠나서 에덴 동쪽 놋 땅에 거주하더니"(창4:16).

놋이라는 지명은 '방황하다, 유리하다'는 뜻입니다. 가인은 결국 방황하는 슬픈 인생이 되었습니다. 예배의 성공자는 가정도 복을 받고 자녀도, 사업도, 건강도 복을 받습니다. 예배의 성공자가 되십시오. 가인과 같은 예배는 어둠 속으로 떨어지고 결국 버림받는 일생이 됩니다.

"그러므로 우리는 예수로 말미암아 항상 찬송의 제사를 하나님께 드리자 이는 그 이름을 증언하는 입술의 열매니라"(히13:15).

"항상 기뻐하라 쉬지 말고 기도하라 범사에 감사하라 이것이 그리스도 예수 안에서 너희를 향하신 하나님의 뜻이니라"(살전5:16~18).

하나님 앞에서 항상 찬송하고 기뻐하며 기도하는 예배자가 되십시오.

스펄전 목사님은 우리에게 수많은 원수가 제단의 불이 꺼지기를 기다린다고 했습니다. 할 수만 있다면 찬송과 기도, 말씀의 불이 꺼지도록 한다는 것입니다. 스펄전 목사는 영국의 침례교 목사이면서 설교의 대가로서 제단에서 언제나 기도의 불을 키워야 한다고 했습니다. 비록 마스크는 썼지만 담대하게 예배의 승리자가 되시기를 축원합니다.

예배에서 가장 중요한 것은 하나님께 영광을 올려드리는 예배인데 예배를 등한시하는 것은 마귀의 계책에 빠지는 것입니다. 마귀는 지금도 교묘히 예배를 드리지 못하도록 합니다. 이렇게 되면 점차 예배는 식어져가고 버림받은 가인처럼 될 것입니다.

오늘 우리가 하나님 앞에 귀한 예배를 드리기를 축원합니다. 아벨은 최초로, 최고의 예배를 드렸습니다. 흠 없고 점 없는 예배를 드리기 위해 어쩌면 1년 전부터 양을 구별했을 것입니다. 가인은 곡식 농사를 지은 것 중에서 고르지 않고 퍼서 하나님의 제단에 올렸을 것입니다. 아벨의 예배는 준비된 예배였습니다. 헌금시간에 주머니에서 대충 꼬깃꼬깃한 돈을 꺼내어 드리는 사람과 예배 시간 전에 헌금을 준비하여 드리는 마음이 서로 같겠습니까? 어떤 모습으로 예배를 드려야 할까요? 최고의 예배가 되어야 합니다.

"믿음으로 아벨은 가인보다 더 나은 제사를 하나님께 드림으로 의로운 자라 하시는 증거를 얻었으니 하나님이 그 예물에 대하여 증언하심이라 그가 죽었으나 그 믿음으로써 지금도 말하느니라"(히11:4).

끝까지 하나님께 쓰임 받는 아름다운 예배를 드리십시오. 정답과 오답은 둘 다 답이지만 하나는 바른 것이고 하나는 틀린 것입니다. 가인과 아벨이 똑같이 제사를 드렸지만 아벨의 제사는 정답이고 가인의 제사는 오답입니다. 가인의 예배는 예배가 아닙니다. 거룩하고 신령한 예배의 양심을 따라 예배를 드리는 귀한 일생이 되기를 축원합니다. 예배에 대해서 성경은 한 구절로 정리했습니다. 예배의 모습이 교파와 교회마다 다르지만 성경에서는 예배의 틀에 대해 말하지 않습니다. 다만 한 줄로 정리됩니다.

"아버지께 참되게 예배하는 자들은 영과 진리로 예배할 때가 오나니 곧 이 때라 아버지께서는 자기에게 이렇게 예배하는 자들을 찾으시느니라"(요4:23).

영과 진리의 예배야말로 참된 예배의 자세입니다. 하나님을 기쁘시게 하려는 예배의 양심에 따라 진리의 말씀으로 예배를 드리십시오.

5. 음부의 권세가 이기지 못하는 교회

‖마 16:18‖
뱀을 집어올리며 무슨 독을 마실지라도 해를 받지 아니하며 병든 사람에게 손을 얹은즉 나으리라 하시더라

'예수님은 그리스도시오 살아계신 하나님의 아들이시니이다.' 베드로가 예수님에 대해 이렇게 말했을 때 예수님은 이것을 알게 하신 이는 하늘에 계신 아버지이시며 이 고백의 반석 위에 내 교회를 세워 음부의 권세가 이기지 못하게 하리라 말씀하셨습니다. 하나님은 교회를 통해 음부의 권세를 이기게 하시고 승리하게 하십니다. 코로나 19로 인해 비대면 예배를 드리면서 온라인으로 예배를 드리지만 어느 곳에 있든지 주님의 몸 된 교회, 하나님의 집인 교회를 사모하며 음부의 권세가 이기지 못하는 교회임을 알고 함께 믿음으로 기도하시기 바랍니다.

하나님은 전지전능하시며 무소부재하시고 절대 주권을 가지신 분이십니다.

"주 하나님이 이르시되 나는 알파와 오메가라 이제도 있고 전에도 있었고 장차 올 자요 전능한 자라 하시더라"(계1:8).

알파와 오메가란 헬라어 알파벳의 첫 글자와 마지막 글자입니다. 서양과 동양을 아우르는 헬라 제국의 언어는 당시 문명인의 언어였

습니다. 그리스 시대와 헬라시대는 동서양의 문화가 하나로 융합된 시대입니다.

"그러므로 형제들아 내가 하나님의 모든 자비하심으로 너희를 권하노니 너희 몸을 하나님이 기뻐하시는 거룩한 산 제물로 드리라 이는 너희가 드릴 영적 예배니라"(롬12:1).

사도 바울은 이방인이나 헬라인에게 모두 복음이 전파되기를 원했습니다. 예수님이 십자가에 달려 돌아가실 때 십자가에도 로마어, 헬라어, 히브리어로 '유대인의 왕'이라 쓰였습니다. 헬라는 모든 문화를 지배한 문화였으며 로마는 모든 지역을 점령했던 권력의 중심 언어인 로마어, 유대 민족이 사용했던 히브리어입니다.

"내가 시초부터 종말을 알리며 아직 이루지 아니한 일을 옛적부터 보이고 이르기를 나의 뜻이 설 것이니 내가 나의 모든 기뻐하는 것을 이루리라 하였노라"(사46:10).

하나님께서는 계획하신 것을 반드시 행하십니다. 기도할 때 지금까지도 응답해 주셨고 때로 고난을 당하지만 주님이 지켜 주실 것을 알기 때문에 행복합니다. 앞날도 계획하시고 말씀하신대로 추진하시는 분입니다. 예수를 믿는 사람은 미래를 알고 사는 사람들입니다. 이 세상은 하나님의 말씀대로 됩니다. 인류의 역사는 예수의 재림으로 끝납니다. 인류의 역사는 예수님의 오실 때까지의 역사입니다.

"너희가 도망하는 일이 겨울에나 안식일에 되지 않도록 기도하라 이는 그 때에 큰 환난이 있겠음이라 창세로부터 지금까지 이런 환난이 없었고 후에도 없으리라 그 날들을 감하지 아니하면 모든 육체가 구원을 얻지 못할 것이나 그러나 택하신 자들을 위하여 그 날들을 감하시리라"(마24:20~22).

그 어떤 환란을 당해도 택하신 주의 백성들은 보호받습니다. 하나님께서 택하시고 부르셨으니 어느 곳에 있든지 긴장하고 깨어서 기도하시기 바랍니다. 택하신 그들을 위해 보호하신다고 하는 주님의 말씀은 놀랍습니다. 예수님의 제자들이 세상의 끝에 어떤 징조가 있는지 묻자 예수님은 말씀하십니다.

"많은 사람이 내 이름으로 와서 이르되 나는 그리스도라 하여 많은 사람을 미혹하리라"(마24:5).

미혹을 받지 않도록 주의하라 하시며 전쟁과 기근이 있으며 예수를 믿는 사람을 박해할 것이지만 두려워하지 말라 하였습니다. 거짓 선지자들, 거짓 그리스도인들이 나타나며 불법이 성행하고 할 수만 있으면 예수 믿는 사람들을 미혹하리라 했습니다. 표적을 붙잡고 살 것인지, 주님을 붙잡을 것인지 분명히 해야 합니다. 아이들은 그림책을 보고 내용을 이해하기 때문에 초등 교과서에는 글보다 그림이 많습니다. 하지만 공부가 깊어질수록 그림은 얼마 되지 않고 글로 가득 찬 책으로 공부합니다. 마찬가지로 표적으로 믿을 것인가, 정확한 진리 안에서 믿을 것인가도 같습니다. 만약 표적을 보고 믿는다면 어린 아이와 같은 믿음 같아서 거짓 선지자의 미혹에 넘어가기 쉽습니다. 생명과 진리의 말씀을 붙잡고 깊이 묵상하며 끝까지 견디어 내어야 합니다.

"불법이 성하므로 많은 사람의 사랑이 식어지리라 그러나 끝까지 견디는 자는 구원을 얻으리라"(마24:12~13).

마지막 때에 죄악이 관영하며 사랑이 식어집니다. 문명이 발달하고 과학이 발달하면 사람이 행복합니까? 행복할 것 같지만 자살률은 높아지고 사람들이 우울증에 빠지고 가정은 깨지고 고통이 더합니다. 가정마다 고통이 심해지고 있습니다. 화려한 도시가 좋아 보이지만 사람들의 마음은 더 공허해지고 불안으로 차 있습니다. 이 나라의 경제가 일어나는 것이 중요한 것이 아니라 더 귀한 것은 사랑이 넘치는 사회가 되는 것입니다. 하지만 지금은 우리가 사는 세상은 불법이 성하므로 사랑이 식어지고 있습니다. 거리가 떨어지면 사랑은 식어지는데 지금 그런 시대가 되었습니다. 성경의 예언 그대로 이루어지고 있습니다. 어떻게 살아야 할까요? 이 환란 때에 보호받는 사람은 누구입니까?

"여호와께서 환난 날에 나를 그의 초막 속에 비밀히 지키시고 그의 장막 은밀한 곳에 나를 숨기시며 높은 바위 위에 두시리로다"(시 27:5).

사울의 핍박 속에서도 하나님은 다윗을 이기게 하시고 결국 그를 세워 놓으셨습니다. 환란을 겪을 때에 어디에 있어야 안전합니까? 오직 하나님의 품에서 보호를 받을 때 안전합니다. 환란을 겪고 있는 것을 하나님은 다 알고 있습니다. 하나님이 나와 함께 하신다는 임마누엘의 신앙으로 살아야 합니다. 하나님이 환란 당하게 하는 사람도 하나님의 품안에 거하려 하는 사람은 보호하시고 인도하시며 높여 주십니다. 지금처럼 고난과 환란이 닥칠 때 주님의 품안에 들어와야 합니다. 주님과 멀리 떨어져 있다면 위험합니다. 정결한 신앙인이 되어 회개하고 환란을 믿음으로 통과하고자 하여 빨리 깨닫는 사람이 합당한 그리스도인의 모습입니다.

말씀으로 무장하고 성령의 능력으로 살아가십시오. 환란 당할 때 성령의 능력을 더욱 사모하고 거룩함으로 무장해야 합니다. 지금은 쭉정이와 알곡을 구분하는 시기입니다. 가라지와 곡식을 구분하고, 양과 염소, 좌편과 우편을 구분하는 이 때, 신앙을 잘 지키고 믿음을 수호해야 합니다. 이럴 때 더욱 복음을 전파해야 합니다. 온라인으로 전파되는 말씀을 실어 날라야 합니다. 하나님께 더욱 충성하며 섬길 때 상급 받고 은총을 받을 것입니다.

"의를 위하여 박해를 받은 자는 복이 있나니 천국이 그들의 것임이라"(마5:10).

의를 위해 박해받고 헌신하고 교회 다니기 어렵지만 믿음이 더욱 견고해지고 진실해짐으로 승리하기를 바랍니다. 하나님께서 기쁘게 받으시는 축복된 성도가 되기를 축원합니다.

"또 짐승이 과장되고 신성 모독을 말하는 입을 받고 또 마흔두 달 동안 일할 권세를 받으니라"(계13:5).

주님 오실 때가 임박할수록 화인 받지 않도록 끝까지 살아있는 신앙이 되기를 축원합니다.

"죽임을 당한 어린 양의 생명책에 창세 이후로 이름이 기록되지 못하고 이 땅에 사는 자들은 다 그 짐승에게 경배하리라"(계13:8).

그렇지만 예수 그리스도의 생명책에 기록된 자는 천국 백성이 됩니다.

"그들이 어린 양과 더불어 싸우려니와 어린 양은 만주의 주시요 만왕의 왕이시므로 그들을 이기실 터이요 또 그와 함께 있는 자들 곧 부르심을 받고 택하심을 받은 진실한 자들도 이기리로다"(계17:14).

예수님이 함께 하시고 보호하신다고 하셨으니 예수 안에서 모두 이기는 자가 되십시오. 그와 함께 있는 자는 부르심을 받고 택하심을 입은 자들은 진실로 이기리라 하셨으니 주님 오실 때가 임박한 이 때 신앙생활 바르게 하시고 말씀을 가까이 하고 기도생활을 열심히 하십시오.

"심지어 부모와 형제와 친척과 벗이 너희를 넘겨 주어 너희 중의 몇을 죽이게 하겠고 또 너희가 내 이름으로 말미암아 모든 사람에게 미움을 받을 것이나 너희 머리털 하나도 상하지 아니하리라"(눅 21:16~18).

더욱 주님께 가까이 하는 자를 머리털 하나 상하지 않도록 보호하신다 하였습니다. 때로는 박해를 당하고 어려움을 당해도 두려워하지 마십시오. 하나님이 허락하지 않으면 그 어떤 것도 우리를 해칠 수 없습니다. 환란 때 두려워하지 말고 하나님께 영광스러운 모습이 되어 주님 앞에 상급 받을 것을 알고 기꺼이 박해를 받을 때 주님은 기뻐하십니다.

"이것을 너희에게 이르는 것은 너희로 내 안에서 평안을 누리게 하려 함이라 세상에서는 너희가 환난을 당하나 담대하라 내가 세상을 이기었노라"(요16:33).

환란 당할 것을 미리 아시고 담대하라 하였습니다. 지금 교회마다 어려움을 당하고 있을 때 담대하게 주님을 가까이 하고 헌신하십시오.

"그들의 모든 환난에 동참하사 자기 앞의 사자로 하여금 그들을 구원하시며 그의 사랑과 그의 자비로 그들을 구원하시고 옛적 모든 날

에 그들을 드시며 안으셨으나"(사63:9)

하나님께서 출애굽하는 이스라엘 백성을 안아주시고 홍해를 가르셨으며 40년 동안 발이 부르트지 않도록 하시고 먹을 것을 채워 주셨습니다. 생수를 마시게 하시고 옷이 헤지지 않도록 하셨으며 가나안 땅에 들어갈 때까지 수많은 고난 중에도 피할 길을 주셨습니다.

우리에게 고난과 어려움이 있어도 피할 길을 주십니다. 여러 가지 고난과 어려움이 있어도 주님이 우리를 인도하시고 지켜 주심을 확신하십시오. 하나님의 사자를 통해서 구원하시고 사랑과 자비로 지켜 주십니다.

"또 내가 네게 이르노니 너는 베드로라 내가 이 반석 위에 내 교회를 세우리니 음부의 권세가 이기지 못하리라"(마16:18).

하나님의 교회는 반드시 이깁니다. 그리스도인과 불신자로 나뉘듯이 교회에도 믿는 사람이 들어오기도 하고 다른 의도를 가지고 들어오기도 합니다. 믿음으로 교회에 들어오는 사람은 생명책에 기록되지만 목적을 달성하기 위해 교회에 들어오는 사람은 그 목적이 달성되면 교회를 떠납니다. 정치적 목적이나 영업을 위해 교회에 들어오는 사람입니다. 끝까지 하나님의 교회에서 십자가의 은총으로 복된 하나님의 자녀가 되어 생명책에 기록되고 구원의 반열에 서기 바랍니다. 또 눈에 보이지 않는 교회도 있습니다. 시대와 공간을 초월한 교회가 있습니다. 어느 곳에 있든지 주님만 의지하는 사람, 거듭난 성도들로 음부의 권세를 이기는 사람입니다. 교회를 들락날락하는 것이 중요한 것이 아니라 생명책에 기록되는 구원받은 자녀가 되는 것이 중요합니다.

"두세 사람이 내 이름으로 모인 곳에는 나도 그들 중에 있느니라"(마18:20).

마지막 때에 이기는 자가 되기 위해 교회 생활 잘하고 하나님 보시기에 합격자가 되어야 합니다. 왜 주께서 교회를 세웁니까? 혼자 신앙을 지키기가 쉽지 않습니다. 요즘처럼 교회 다니기 힘들 때 영상이나 핸드폰으로 온라인예배를 드리는데 그것이 과연 쉽습니까? 혼자 방에서 예배를 드리기가 쉽습니까? 혼자 기도생활하고 찬양 생활하고 말씀 붙잡고 사는 것이 결코 쉽지 않습니다. 그래서 예수님께서 반석 위에 교회를 세우리라 하셨습니다. 두세 사람이 모여 영적인 생활을 하고 믿음으로 우뚝 서 하나님의 영광을 나타내는 하나님의 자녀로 만드는 교회입니다. 함께 예배드리고 기도하고 말씀을 듣고 가르치고 배우는 것이 교회의 비밀이라 했습니다. 영적인 신앙생활이 얼마나 중요한지 알아야 합니다.

지금은 비록 힘들고 어려워도 심령 속에 믿음이 변색되거나 타락되지 않도록 하나님과의 거리가 멀어지지 않도록 주의해야 합니다. 알곡은 모아져도 가라지는 떨어져 나갑니다. 부부도 몇 달만 서로 떨어져 있으면 멀어집니다. 하나님 앞에 거리가 얼마나 됩니까? 혼자 신앙생활이 제대로 됩니까? 안 됩니다. 그래서 예수님이 내가 교회를 세우리니 음부의 권세가 이기지 못하리라 하셨습니다. 하나님의 교회는 계속 승리합니다. 이기는 원리가 무엇입니까?

"모세가 손을 들면 이스라엘이 이기고 손을 내리면 아말렉이 이기더니"(출17:11)

아말렉 전쟁에서 모세가 산에서 기도할 때 여호수아는 전쟁터에서 나가 싸웁니다. 모세가 기도할 때 힘이 빠져 팔이 내려오면 이스라엘이 지고 다시 손을 들고 기도하면 이깁니다. 다시 손이 내려오자 아론과 훌이 모세의 팔을 부축하여 올렸습니다. 하루 종일 팔을 들고 기도할 때 하나님께서 이기게 해주셨고 아말렉은 패하고 이스라엘이 승리했습니다. 삶에서 이기려면 기도의 손이 내려오지 말아야 합니다. 모세처럼 두 손 높이 들고 기도하십시오. 믿음이 부족해도 하나님께 매달리고 부르짖어 기도할 때 우리에게 승리를 주십니다. 신앙생활을 게을리 하면 패배합니다. 교회 생활 실패하면 인생이 실패합니다. 신앙생활을 실패하면 그의 생명은 끝납니다. 승리자가 되십시오. 가정의 자녀들, 생업 터와 건강에 모두 승리하기를 축원합니다.

그러면 승리의 비결은 무엇입니까? 모세가 손을 들고 기도할 때 이스라엘이 이긴 것을 교훈삼아 기도해야 합니다. 기도가 살아있으면 인생이 삽니다. 피곤해도 기도를 중단하면 안 됩니다. 영적인 전쟁에서 이기려면 기도에 승리해야 합니다. 그리고 합심하여 기도해야 합니다. 모세 혼자 기도하기는 너무 약합니다. 모세의 좌우에서 아론과 훌이 손을 들어 올려 세 사람이 기도하자 이기게 하셨습니다.

"진실로 다시 너희에게 이르노니 너희 중의 두 사람이 땅에서 합심하여 무엇이든지 구하면 하늘에 계신 내 아버지께서 그들을 위하여 이루게 하시리라"(마18:19).

가정에서도 부모와 자녀, 부부가 합심 기도할 때 하나님이 그 기도를 들으십니다. 혼자 기도하면 피곤하고 오래 하지 못하지만 합심하여 기도할 때 다시 일어날 수 있습니다. 개인 기도도 중요하지만 성도들이 함께 모여 기도하는 것이 중요합니다. 왜 금요일 밤 함께 모여 기도합니까? 혼자 기도하는 것도 소중하지만 두세 사람이 함께 모여 기도할 때 주님이 우리 중에 계신다 하였습니다. 승리하는 기도가 되기를 바랍니다.

모세의 기도가 승리를 이끌었습니다. 모세가 기도할 때 그 나라가 이겼습니다. 이 나라와 민족을 위해 기도할 때 나라가 회복됩니다. 기도하는 민족은 살아납니다. 모세의 손이 피곤할 때, 아론과 훌이 돕는 천사가 되었습니다. 담임 목사도 피곤하고 연약할 때가 있지만 성도들이 교회에서 목사님을 위해 기도하면 피곤하고 약해진 몸이지만 그들이 천사가 되어 새 힘을 얻게 됩니다. 하나님 말씀을 두려움 없이 담대하게 선포할 수 있는 것은 돕는 천사의 중보기도의 역사입니다. 아론과 훌이 있기 때문에 이런 역사가 나타납니다. 하나님의 성전에서 기도로 돕는 천사가 다 되시기를 축원합니다. 하나님 앞에 기도하는 승리자가 되어야 합니다.

"너희를 인도하는 자들에게 순종하고 복종하라 그들은 너희 영혼을 위하여 경성하기를 자신들이 청산할 자인 것 같이 하느니라 그들로 하여금 즐거움으로 이것을 하게 하고 근심으로 하게 하지 말라 그렇지 않으면 너희에게 유익이 없느니라"(히13:17).

순종하고 복종해야 합니다. 마음에 내키지 않아도 말씀에 아멘으로 따라야 합니다. 주님 재림의 날이 가까울 때 바르게 서도록 하는 진리의 말씀에 순종하여 복음 전파를 해야 합니다. 심판 날이 가까울 때 지옥 갈 영혼을 구원시키고 자신도 변질되거나 타락되지 않도록 기도와 말씀으로 성령 안에서 지켜 가야 합니다.

지금보다 더 악하고 타락한 때가 있었습니까? 인류가 행하는 악한 일들이 법으로 인정되고 있습니다. 만약 그것을 악하다고 말하면 형사 처벌되는 시대가 가까이 오고 있습니다. 주님 오실 날이 임박하여 사랑이 식어지고 있습니다. 불법이 성행하고 사랑은 점점 식어갈 때 정신 바짝 차려야 합니다.

"그러므로 하루 동안에 그 재앙들이 이르리니 곧 사망과 애통함과 흉년이라 그가 또한 불에 살라지리니 그를 심판하시는 주 하나님은 강하신 자이심이라"(계18:8).

세계 도처에서 이상기후와 전염병이 창궐하고 하나님의 심판이 무섭게 임하고 있습니다. 예수 재림이 가까이 올 때 구원의 반열에 서 있어야 합니다. 재림의 날이 예수를 믿는 사람들에게는 고난의 끝이요 영광의 날이 될 것입니다. 택한 백성들이 공중으로 들림 받아 영화로운 천년 왕국을 이루는 날이 가까워진 이때 철저히 회개하고 하나님 앞에 똑바로 서서 믿음 생활 하십시오.

"만군의 여호와가 이르노라 보라 용광로 불같은 날이 이르리니 교만한 자와 악을 행하는 자는 다 지푸라기 같을 것이라 그 이르는 날에 그들을 살라 그 뿌리와 가지를 남기지 아니할 것이로되"(말4:1).

무서운 하나님의 심판입니다.

"내 이름을 경외하는 너희에게는 공의로운 해가 떠올라서 치료하는 광선을 비추리니 너희가 나가서 외양간에서 나온 송아지 같이 뛰리라"(말4:2).

하나님 말씀 붙잡고 굳게 서는 성도는 품어주시고 승리하게 하십니다. 그렇지 않은 성도와 세상 모든 것이 지푸라기같이 심판 날에 태워집니다.

"그 때에 여호와를 경외하는 자들이 피차에 말하매 여호와께서 그것을 분명히 들으시고 여호와를 경외하는 자와 그 이름을 존중히 여기는 자를 위하여 여호와 앞에 있는 기념책에 기록하셨느니라 만군의 여호와가 이르노라 나는 내가 정한 날에 그들을 나의 특별한 소유로 삼을 것이요 또 사람이 자기를 섬기는 아들을 아낌 같이 내가 그들을 아끼리니"(말3:16~17).

하나님이 아껴주시는 것이 얼마나 엄청난 구원의 비밀입니까? 그런데 이것을 모르고 '내가 내 교회를 세우리니 음부의 권세가 이기지 못하리라'한 이 교회에서 신앙생활 하는 것을 사람들은 멸시하고 우습게 여깁니다. 그렇지만 정신 바짝 차리고 신앙생활 잘 해가는 귀한 성도가 되기를 축원합니다. 주님 오실 날이 임박했습니다. 시대를 보는 눈이 열려야 합니다. 지구 곳곳에서 일어나는 일들은 주님 오실 날이 임박했음을 알려 주고 있습니다.

신앙과 교회생할을 잘 하시고 하나님의 사랑받아 모두 승리하시기를 축원합니다.

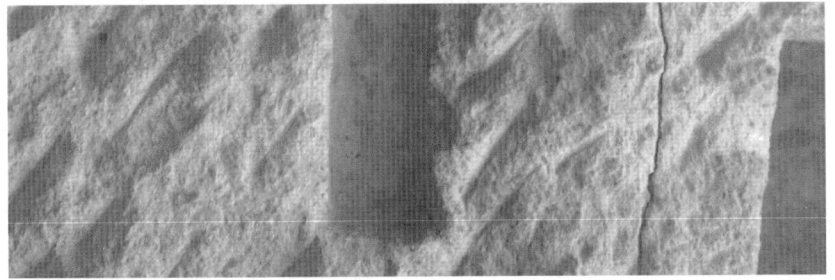

chapter 4.
하나님의 사람들

1. 눈물 중에 소망을

‖ 렘 31:15~21 ‖

¹⁵여호와께서 이와 같이 말씀하시니라 라마에서 슬퍼하며 통곡하는 소리가 들리니 라헬이 그 자식 때문에 애곡하는 것이라 그가 자식이 없어져서 위로 받기를 거절하는도다 ¹⁶여호와께서 이와 같이 말씀하시니라 네 울음 소리와 네 눈물을 멈추어라 네 일에 삯을 받을 것인즉 그들이 그의 대적의 땅에서 돌아오리라 여호와의 말씀이니라 ¹⁷너의 장래에 소망이 있을 것이라 너의 자녀가 자기들의 지경으로 돌아오리라 여호와의 말씀이니라 ¹⁸에브라임이 스스로 탄식함을 내가 분명히 들었노니 주께서 나를 징벌하시매 멍에에 익숙하지 못한 송아지 같은 내가 징벌을 받았나이다 주는 나의 하나님 여호와이시니 나를 이끌어 돌이키소서 그리하시면 내가 돌아오겠나이다 ¹⁹내가 돌이킨 후에 뉘우쳤고 내가 교훈을 받은 후에 내 볼기를 쳤사오니 이는 어렸을 때의 치욕을 지므로 부끄럽고 욕됨이니이다 하도다 ²⁰에브라임은 나의 사랑하는 아들 기뻐하는 자식이 아니냐 내가 그를 책망하여 말할 때마다 깊이 생각하노라 그러므로 그를 위하여 내 창자가 들끓으니 내가 반드시 그를 불쌍히 여기리라 여호와의 말씀이니라 ²¹처녀 이스라엘아 너의 이정표를 세우며 너의 푯말을 만들고 큰 길 곧 네가 전에 가던 길을 마음에 두라 돌아오라 네 성읍들로 돌아오라

눈물 중에 어떻게 소망을 가질 수 있을까요? 성경은 아무리 어려운 일을 당하고, 고통스러운 일을 당해도 하나님을 의지하는 주의 백성들의 눈물을 씻겨 주시고 슬픔이 변해 기쁨으로 변하는 은혜를 체험하도록 힘을 줍니다. 눈물의 선지자라 불리는 예레미야는 하나님의 말씀을 대언합니다.

"여호와의 말씀이니라 그 때에 내가 이스라엘 모든 종족의 하나님이 되고 그들은 내 백성이 되리라"(렘31:1).

"여호와께서 이같이 말씀하시니라 칼에서 벗어난 백성이 광야에

서 은혜를 입었나니 곧 내가 이스라엘로 안식을 얻게 하러 갈 때에라"(렘31:2).

하나님의 백성을 언제나 어디서나 어떤 환경에 있어도 기억하시고 인도하시며 안식을 얻도록 하시는 하나님의 은총을 믿어야 합니다.

"에브라임 산 위에서 파수꾼이 외치는 날이 있을 것이라 이르기를 너희는 일어나라 우리가 시온에 올라가서 우리 하나님 여호와께로 나아가자 하리라"(렘31:6).

"여호와께서 이와 같이 말씀하시니라 너희는 여러 민족의 앞에 서서 야곱을 위하여 기뻐 외치라 너희는 전파하며 찬양하며 말하라 여호와여 주의 백성 이스라엘의 남은 자를 구원하소서 하라"(렘31:7).

세상 사람들은 모두 믿음을 잃어버려도 너희는 신앙의 그루터기처럼 남은 자의 사명을 감당하라고 말씀하십니다.

"여호와께서 이와 같이 말씀하시니라 라마에서 슬퍼하며 통곡하는 소리가 들리니 라헬이 그 자식 때문에 애곡하는 것이라 그가 자식이 없어져서 위로 받기를 거절하는도다"(렘31:15).

하나님께서 백성을 돌이켜 볼 때 가슴 칠 일이 많지만 여전히 사랑하고 내 자녀가 되기 때문에 여전히 지켜 주겠다고 하십니다. 이 말씀을 받는 자마다 성령께서 위로해 주시고 갈 길을 인도해 주십니다.

1. 내가 네 눈물을 멈추게 해 주리라.

지금 사람들의 사는 모습을 보면 도무지 사는 것 같지 않습니다. 나라와 교회, 가정과 개인의 마음에 아픔을 갖고 있습니다. 그 눈물을 닦아 주고 그치게 해주시겠다고 하십니다.

"여호와께서 이와 같이 말씀하시니라 네 울음 소리와 네 눈물을 멈추어라 네 일에 삯을 받을 것인즉 그들이 그의 대적의 땅에서 돌아오리라 여호와의 말씀이니라 너의 장래에 소망이 있을 것이라 너의 자녀가 자기들의 지경으로 돌아오리라 여호와의 말씀이니라"(렘 31:16~17).

눈물을 멈추게 할 터인즉 여호와 하나님만 의지하고 살라고 말씀하십니다. 포로에 잡혀 있던 이스라엘 백성들에게 포로 상태에서 풀릴 것이라는 예언의 말씀입니다. 오늘 사람들이 갖가지 문제의 포로로 잡혀 있습니다. 코로나 사태로 포로가 되고 경제의 포로, 언제 닥칠지 모르는 재난으로 폭풍과 홍수, 기근과 같은 포로에 잡혀 있는 우리가 풀릴 것이라 하며 소망이 있음을 선포하십니다. 하나님을 의지하고 사는 백성들의 장래는 소망이 있습니다. 예레미야 선지자는 눈에 보이는 것에 집착하거나 눈에 보이는 것으로 인해 낙심하거나 포기하지 말라 합니다. 그것 때문에 절망하지 않고 하나님을 의지하면 하나님께서 회복해 주시고 장래의 소망을 줄 것을 대언합니다.

죽은 아들의 뒤에서 장례식을 따라가며 우는 과부의 눈물을 보시고 예수님은 '청년아 일어나라'라고 말씀하셨습니다.

"가까이 가서 그 관에 손을 대시니 멘 자들이 서는지라 예수께서 이르시되 청년아 내가 네게 말하노니 일어나라 하시매"(눅7:14).

그 현장에서 아들이 살아날 때 모든 사람도 놀랐지만 죽은 아들로 오열하고 있던 과부는 얼마나 기뻤겠습니까? 눈물 흘릴 일이 많지만 하나님은 감격스러운 일생을 보장하십니다. 그러기 위해서는 하나님과 동행해야 합니다. 하나님과 통할 때 사람과도 통하며 환경과도 통하게 하십니다. '울보 선생님'이라는 책이 있습니다. 문제 학생을 앞에 두고 울어버리는 선생님이 있습니다. 문제의 학생을 질책하지 않고 그 영혼이 불쌍해서 하나님께 불쌍히 여겨달라고 그 앞에서 엉엉 웁니다. 결국 그 마음이 통해서 학생의 태도가 바뀌었습니다.

예수님은 십자가에 달려서 자신을 향해 울고 있는 여인들을 향해 나를 위해 울지 말고 네 자녀를 위해 울라 하셨습니다.

"예수께서 돌이켜 그들을 향하여 이르시되 예루살렘의 딸들아 나를 위하여 울지 말고 너희와 너희 자녀를 위하여 울라"(눅23:28).

예수님께서 십자가에서 죽으시고 3일 만에 부활하심으로 슬픔이 변하여 기쁨이 되게 하신 것처럼 우리 가정에 있는 울음과 교회와 민족의 울음을 바꾸어 주십니다. 하나님을 의지하는 가정과 교회, 민족은 눈물이 변해 기쁨이 되게 하심을 확신합니다.

교회는 사실 우는 곳입니다. 답답하고 힘들 때 와서 우는 곳이 하나님의 교회입니다. 인생이 힘들 때 도저히 해결할 수 없는 문제를 두고 교회에 와서 우는 것이 성도의 자세입니다. 남몰래 하나님의 성전에 와서 우는 귀한 주의 백성이 되시기를 축원합니다. 교회에서 기도할 때, 찬송할 때, 눈물로 찬양해서 세상을 이길 힘을 얻었고 한국 강산이 삼일 운동과 한국전쟁과 같은 숱한 어려움을 당할 때마다 하나님의 교회는 울었습니다. 개인의 문제와 가정의 문제도 가지고 와서 울 때 하나님은 눈물을 씻어 주셨습니다.

2. 하나님이 붙잡아 주신다.

"에브라임이 스스로 탄식함을 내가 분명히 들었노니 주께서 나를 징벌하시매 멍에에 익숙하지 못한 송아지 같은 내가 징벌을 받았나이다 주는 나의 하나님 여호와이시니 나를 이끌어 돌이키소서 그리하시면 내가 돌아오겠나이다"(렘31:18).

하나님이 징계의 채찍과 막대기로 때려도 돌이킬 줄 모르는 것이 인간의 어리석은 모습입니다. 하나님께 맞아도 내 잘못이라 하지 않고 타인을 원망하고 불평만 하면서 스스로 돌이키지 못합니다. 때로는 홍수와 전염병으로 기근과 땅의 이변으로 우리를 치십니다. 이것은 인간의 힘으로 어떻게 할 도리가 없습니다. 인간의 능력으로 감당할 수 없기 때문에 하나님을 의지해야 하는데 그마저도 하나님을 의지하는 믿음이 없습니다. 그래서 예레미야 선지자는 자신을 '멍에에 익숙지 못한 송아지'라 표현했습니다. 일을 당해도 문제가 무엇인지 스스로 깨닫지 못하는 멍에에 익숙하지 못한 송아지처럼 어리석고 답답하기에 하나님께 호소해야 합니다.

'나를 돌이키게 하옵소서. 이 민족이 하나님 앞에 돌이키게 하옵소서. 한국 교회가 이처럼 하나님 앞에 무릎 꿇고 기도하오니 모든 성도가 하나 되어 하나님 앞에 돌이키게 하옵소서.'

이것은 내 자신의 힘으로 안 되고 다른 사람이 말해줘도 깨닫지 못하며 심지어 하나님의 채찍을 맞아도 그것이 무엇인지 모르는 우리의 무지 때문에 하나님의 은혜가 필요합니다. 하나님 앞에 돌이키게 해달라고 기도해야 합니다. 멍에에 익숙하지 못해 날뛰는 송아지와 같은 우리가 하나님 앞에 돌아와 바르게 서도록 기도해야 합니다. 이

것이 영생으로 가는 길이며 구원의 유일한 방편이고 천국으로 향하는 하나님의 백성의 자세입니다.

18절 말씀에도 하나님은 그 기도를 들었다고 말씀합니다. 에브라임이 스스로 탄식함을 분명히 들었다고 하십니다. 하나님께서 들었기 때문에 응답하시겠다고 하십니다. 오늘 사람들이 잘못을 저질러도 잘못한 것을 모르고 회개하지도 않습니다. 오히려 남의 탓으로 돌리고 원망하기에 급급합니다. 자신의 죄를 기억하고 가슴을 치며 부끄러워해야 하는데 그러지 못하고 있습니다. 예수님께서는 우리의 잘못과 죄를 지시고 십자가에 달려 돌아가셨습니다. 십자가의 보혈을 의지하여 용서를 구하는 백성들, 진심으로 회개하는 주의 백성들은 하나님께서 그 죄를 용서하시고 그 죄 사함을 받게 하리라 하십니다. 우리의 모든 저주와 슬픔과 죄를 사해 주시는 하나님의 은혜가 복음입니다. 이것이 영생의 길이며 하나님의 구원받은 은혜의 백성의 모습입니다.

하나님 앞에 돌아오는 역사가 있기를 축원합니다. 하나님께 돌아오는 것은 인생의 전환점이 됩니다. 원수 마귀는 어떻게 하든지 우리를 하나님께 돌아가지 못하게 만듭니다. 점을 치고 우상 숭배하고 굿을 하는 사람들의 모습을 보면서 하나님이 얼마나 답답하겠습니까? 애굽에 있던 이스라엘 백성을 가나안으로 이끌고 우상에 빠지지 말고 예배를 드리도록 한 것이 복음의 역사입니다. 돌이키게 하시는 것이 하나님의 은혜입니다. 돌이키게 하는 것은 신앙의 전환점이 됩니다. 세상적인 모습, 우상을 따랐던 백성들이 하나님을 향해 돌이키는 것이 전환점입니다. 돌아와야 합니다. 모두 하나님께 돌이키고 온전히 하나님만 의지하는 복된 성도가 되기를 주의 이름으로 축원합니다.

3. 하나님의 사랑을 받는다.

"에브라임은 나의 사랑하는 아들 기뻐하는 자식이 아니냐 내가 그를 책망하여 말할 때마다 깊이 생각하노라 그러므로 그를 위하여 내 창자가 들끓으니 내가 반드시 그를 불쌍히 여기리라 여호와의 말씀이니라"(렘31:20).

하나님께서 너를 불쌍히 여겨 주겠다고 하십니다. 이 믿음으로 살아가십시오. 하나님의 자녀가 되어 하나님께 기도하고 예배드리는 것을 얼마나 기뻐하시겠습니까? 악한 사탄 마귀는 할 수만 있으면 성도가 기도하지 못하게 하고, 예배드리지 못하게 하며 하나님께 가까이 하지 못하도록 합니다. 지금 세상이 할 수만 있으면 예배드리지 못하게 하고 기도 못하게 하고 교회에 오지 못하도록 합니다. 이것은 모두 악령이 만들어낸 작당입니다. 영적인 전쟁에서 승리자가 되어야 합니다. 온라인 예배를 드리더라도 정신을 바짝 차리십시오. 어떤 환경에 있든지 영적인 상태, 신앙의 상태가 낙심되거나 타락한 모습이 되지 말고 하나님의 자녀로서 하나님이 기뻐하시는 주의 백성으로 살기를 축원합니다.

우리나라가 과거에 숭상했던 원수 마귀, 귀신들이 하나님께 돌아오고 기도하고 예배드리려는 백성을 어떻게 하든지 막으려고 괴롭힙니다. 두려운 마음을 심어 놓고 가위에 눌리게 하고 귓가에 속닥거리며 불안에 떨게 합니다. 악한 원수마귀를 이기는 방법은 무엇입니까? '나사렛 예수의 이름으로 명하노니 더러운 원수 마귀는 떠나가라!' 담대히 외치십시오. 이렇게 외칠 때 평화가 오고 답답했던 문제는 풀립니다. 나사렛 예수의 사람인 하나님의 자녀는 원수 마귀와 상관없는 하나님의 택한 백성임을 알아야 합니다. 두려움을 주고 괴롭게 만들 때마다 외치십시오. '사탄아 물러가라. 나는 너와 상관이 없다. 예수 이름으로 물러가.'

도둑이 어린 아이를 보고 그에게 들러붙으려 하자 아이가 외칩니다.

"아빠, 도둑이예요."

비록 아이지만 이 말 한 마디에 도둑은 도망갑니다. '예수 이름으로 원수 마귀 사탄아 물러가라'라고 외칠 때, 사탄은 물러갑니다. 강력한 믿음으로 험한 세상에서 우리로 눈물을 흘리게 하고 넘어뜨리려 하고 저주 받게 하는 악한 영들을 물리치시기를 주의 이름으로 축원합니다. 하나님의 자녀라는 자긍심을 가지십시오. 하나님이 깊이 사랑하는 자녀입니다. 예수 그리스도의 피, 십자가의 공로 의지한 택한 백성입니다. 하나님이 지명하여 부른 하나님의 자녀라는 긍지를 가지고 사십시오. 어느 곳에 있든지 지금 그 자리에서 벌떡 일어나 두 주먹 불끈 쥐고 외치며 기도하십시오.

"나는 항상 소망을 품고 주를 더욱더욱 찬송하리이다"(시71:14).

소망을 품고 더욱 주님을 찬양하는 승리의 백성이 되시기를 축원합니다.

"주여 주께서 내 심령의 원통함을 풀어 주셨고 내 생명을 속량하셨나이다 여호와여 나의 억울함을 보셨사오니 나를 위하여 원통함을 풀어주옵소서"(애3:58~59).

얼마나 원통합니까? 흑암의 세력이 행복과 은총을 빼앗으려 합니다. 그래서 더욱 하나님을 의지하고 살아야 합니다. 지금 세계는 코로나뿐 아니라 미주 지역은 산불로 인해 불기둥이 솟고 있습니다. 중국은 석 달 동안 계속된 양쯔 강 상류의 홍수로 인해 쓰촨 성 전체가 침수될 위기에 있습니다. 전 세계적으로 영적인 상태나 환경의 상태가 위기입니다. 생명을 주관하시는 창조주 하나님께 의지하지 않고 제멋대로 살려고 하는 인간이 낳은 비극입니다. 마태복음 24장 32절부터는 주님께서 재림하실 때는 어떤 모습인지를 말씀하십니다. 오늘 우리가 보고 있는 모습과 흡사합니다. 전염병 뿐 아니라 지구 전체가 들끓고 있습니다. 예수님께서 이 땅에 오시리라는 초림의 예수님에 관해서는 성경에 456번 나오지만 재림하시리라는 예언은 1518회에 거쳐 나옵니다. 초림하신 예수님이 역사적인 사건이고 예수님의 재림에 관한 예언은 초림 예수님에 관한 예언보다 세 배나 많은데 어떻게 다시 오심을 늦추시겠습니까? 예수님이 오실 때가 임박하여 온 세계가 들끓고 있습니다. 정신 차리고 있어야 합니다. 하나님 나라를 기다리는 주의 백성으로서 영혼 구원과 복음 전파를 위해 전심을 다하는 성도가 되시기를 축원합니다. 주님 오실 때까지 이 사명을 감당하기 위해 끝까지 신부 단장하는 충성된 종이 되십시오.

"이러므로 너희는 장차 올 이 모든 일을 능히 피하고 인자 앞에 서도록 항상 기도하며 깨어 있으라 하시니라"(눅21:36).

세속화되지 말고 세상 바라보지 말고 오직 주님을 의지하여 살아가십시오. 노아의 때처럼 지금 사람들이 제멋대로 살고 있습니다. 깨닫지 못하고 있습니다. 두 사람이 밭을 갈고 있지만 그 중 하나를 데려감을 알지 못하고 알곡과 쭉정이를 가르고 있는 것을 알지 못하고 있습니다. 깨어서 주님의 말씀대로 살아가십시오. 악하고 험한 세상에서 승리하며 살아가기를 주의 이름으로 축원합니다.

2. 비전의 사람

‖ 느 2:1~6 ‖

¹아닥사스다 왕 제이십년 니산월에 왕 앞에 포도주가 있기로 내가 그 포도주를 왕에게 드렸는데 이전에는 내가 왕 앞에서 수심이 없었더니 ²왕이 내게 이르시되 네가 병이 없거늘 어찌하여 얼굴에 수심이 있느냐 이는 필연 네 마음에 근심이 있음이로다 하더라 그 때에 내가 크게 두려워하여 ³왕에게 대답하되 왕은 만세수를 하옵소서 내 조상들의 묘실이 있는 성읍이 이제까지 황폐하고 성문이 불탔사오니 내가 어찌 얼굴에 수심이 없사오리이까 하니 ⁴왕이 내게 이르시되 그러면 네가 무엇을 원하느냐 하시기로 내가 곧 하늘의 하나님께 묵도하고 ⁵왕에게 아뢰되 왕이 만일 좋게 여기시고 종이 왕의 목전에서 은혜를 얻었사오면 나를 유다 땅 나의 조상들의 묘실이 있는 성읍에 보내어 그 성을 건축하게 하옵소서 하였는데 ⁶그 때에 왕후도 왕 곁에 앉아 있었더라 왕이 내게 이르시되 네가 몇 날에 다녀올 길이며 어느 때에 돌아오겠느냐 하고 왕이 나를 보내기를 좋게 여기시기로 내가 기한을 정하고

성경에 절망 중 비전을 가진 두 사람이 있는데 에스겔과 느헤미야입니다. 느헤미야는 어려운 고비와 예상치 못한 반대, 장애물에도 능히 예루살렘 성과 성곽을 완성한 사람입니다. 느헤미야가 절망 가운데서 어떻게 비전을 갖게 되었을까요?

괴테는 일생을 살면서 4가지를 잘 지켜야 아름다운 일생을 산다고 했습니다. 첫째는 건강입니다. 건강은 그냥 만들어지는 것이 아닙니다. 건강할 때 건강을 지켜야 합니다. 둘째는 일입니다. 일할 수 있는 것이 귀합니다. 나이가 들어 정년퇴직하면서 일을 놓게 되면 급속히 노쇠합니다. 일생을 살면서 사랑과 일을 끝까지 붙잡는 사람이 끝까지 귀한 일생을 살 수 있습니다. 셋째는 친구입니다. 평생의 친구는

부부라는 동반자입니다. 내 마음에 좋은 마음이 있으면 좋은 친구를 사귈 수 있습니다. 희망을 가진 사람은 희망의 친구를 사귀게 됩니다. 나이가 들수록 친구가 소중해집니다. 하지만 나이가 들면서 그보다 더 귀한 것이 있습니다. 넷째는 꿈입니다. 특별히 신앙의 사람은 꿈이 있습니다. 불신앙자는 죽으면 끝난다고 생각하지만 우리에게는 영원한 천국이 있습니다. 이 땅을 살면서 천국의 소망을 갖고 또 사는 날 동안의 꿈이 이루어져가는 것을 보면서 사는 모습이 아름답습니다.

하나님의 말씀은 예언입니다. 하나님은 그 예언의 말씀을 반드시 이루십니다. 말씀을 붙잡고 신앙 안에서 꿈을 붙잡은 사람이 느헤미야입니다. 예루살렘 성전은 불에 타고 성은 훼파되었고 예배를 드릴 수 없는 상황이며 그는 지금 포로 신세입니다. 파사(페르시아)왕 밑에서 술잔을 올리는 술 관원입니다. 술잔을 왕께 올리는데 느헤미야의 얼굴에 근심이 가득했습니다. 왕 앞에서 미소 짓고 행복한 모습으로 술을 올려도 왕의 기분에 따라 자칫 위험할 수도 있는데 슬픈 낯으로 잔을 올리는 것을 왕이 본 것입니다. 느헤미야가 근심스러운 얼굴로 술잔을 왕께 올린 것은 참으로 위태한 일인데 놀라운 일이 일어났습니다. 왕이 노하지 않고 그의 표정이 어두운 이유에 대해 묻습니다. 하나님은 지난 넉 달 동안 그에게 절망적인 예루살렘을 위해 기도를 시켰습니다. 그런 그가 근심스러운 표정으로 왕 앞에 섰을 때 왕이 그에게 무슨 일이 있는지 물었던 것입니다. 절망 가운데 비전을 가진 느헤미야처럼 절망의 시대를 살아가는 오늘 우리도 비전을 품을 수 있어야 합니다.

지금 때가 얼마나 악한지 5조의 돈이 도박으로 흘러가고 있다고 합니다. 45%의 사람들이 화가 나면 술을 마십니다. 술을 마시는 장면이 매스컴에 자주 나옵니다. 고령화도 빠르게 진행되고 대학을 졸업한 젊은이들은 일자리를 구하지 못하고 있습니다. 극단의 이기주의뿐 아니라 집단이기주의가 횡횡하고 있습니다. 그들만의 공동 이익을 추구하며 큰 힘을 발휘할수록 사회는 점점 어려워집니다.

하나님께서 주시는 은혜를 바라보고 아무리 어려운 중에도 소망을 가지십시오. 성공한 사람 413명을 조사했더니 그중 힘든 역경을 통과한 사람이 392명이라는 결과가 나왔습니다. 성공한 사람들의 특징에서 놀라운 공통점이 있는데 고난을 겪은 사람들이 성공한다는 것입니다. 고난을 당하는 것이 문제가 아니라 어떻게 극복하느냐에 따라 성공의 기회가 되는 것입니다. 고난 때문에 낙심하거나 포기할 것이 아니라 어떤 고난이 와도 믿음으로 이겨나가야 합니다. 고난당할 때 '그 때가 좋았지'라고 하면서 과거에 사로잡혀 사는 사람이 있습니다. 미래의 꿈을 바라보면서 환상에 젖어 사는 사람이 있는가 하면 몸을 움츠리고 누군가의 도움만을 바라는 사람이 있습니다. 또 위로부터 능력을 받기 위해 나를 유용한 존재로 바꾸는 사람이 있습니다. 바라보는 것으로 그치는 것이 아니라 나의 효용가치를 높이는 사람이 되어야 합니다.

좋은 환경을 가졌음에도 불행한 사람이 있습니다. 하지만 불행한 가운데서도 행복한 일생을 사는 사람도 많습니다. 아무리 절망적인 상황이 와도 행복하게 사는 사람이 많다는 것을 기억하며 살아계신 하나님을 의지하십시오.

느헤미야 선지자는 절망적인 역사를 바꾼 하나님의 사람입니다. 느헤미야와 같은 지도력과 신앙을 배워야 합니다. 미래를 바라보면서 절망적이라고 포기하지 마십시오.

1. 절망 중에는 기도하고 기다려야 한다.

지금 느헤미야는 민족의 고난을 보고 있습니다. 예루살렘은 불에 타고 성은 무너졌으며 이스라엘 백성들은 포로로 끌려왔습니다. 자신의 힘으로 할 수 있는 것이 아무 것도 없습니다. 이 때 할 수 있는 것이 무엇입니까? 하나님만 바라보고 기도하는 것입니다. 그런데 그 기도가 지속적이며 중단이 없는 기도여야 합니다.

"하가랴의 아들 느헤미야의 말이라 아닥사스다 왕 제이십년 기슬르월에 내가 수산 궁에 있는데"(느1:1).

"아닥사스다 왕 제이십년 니산월에 왕 앞에 포도주가 있기로 내가 그 포도주를 왕에게 드렸는데 이전에는 내가 왕 앞에서 수심이 없었더니"(느2:1)

기슬르월은 12월이고 니산월은 4월입니다. 12월부터 4월까지 하나님 앞에 엎드려 기도한 것입니다. 내 힘으로는 할 수 없으니 살아계신 하나님, 문제보다 크신 하나님, 내 근심을 아시는 하나님께 긍휼을 달라고 기도했습니다. 사도행전에 야고보 사도가 잡혀서 결국 순교 당했습니다. 그리고 베드로도 잡혀서 투옥되어 사형을 기다리고 있습니다. 교회가 베드로 사도를 위해 쉬지 않고 기도했습니다. 내일 순교를 당할 텐데 전날 밤 베드로 사도가 있던 감옥에 지진이 일어나고 천사가 그를 옥밖으로 안내해줍니다. 베드로가 기도하는 교회에 가서 문을 두드리자 로데라는 하녀가 나갔다가 베드로 사도의 목소리를 듣고 미처 문을 열어줄 생각도 못하고 들어가서 베드로 사도가 살아 돌아왔다고 외칩니다. 그런데 아무도 그의 말을 믿지 않았습니다. 야고보 사도처럼 순교를 당할 것이라 생각했기 때문입니다. 믿어지지 않았지만 교회가 끝까지 기도한 것을 하나님께서 들어주신 것입니다.

지금 느헤미야는 기도할 기회를 만들고 있습니다. 포로로서 왕의 술잔을 들고 있는 그의 일과가 얼마나 바쁘겠습니까? 하지만 기도할 시간을 만들어 기도했습니다. 어떤 사람은 시간이 없다는 이유로 기도하지 않습니다. 기도할 시간을 만들어 기도해야 합니다.

지금 느헤미야는 술을 올리면서도 수심이 가득하자 왕이 노하지 않고 이유를 물었을 때 느헤미야가 어떻게 대답합니까?

"왕께 대답하되 왕은 만세수를 하옵소서 내 조상들의 묘실이 있는 성읍이 이제까지 황폐하고 성문이 불탔사오니 내가 어찌 얼굴에 수심이 없사오리이까 하니"(느2:3).

느헤미야는 왜 그렇게 말했을까요? 페르시아의 정서에서는 조상의 묘지가 무너지는 것은 치욕이요 중대한 사건이기 때문입니다. 만약 그 때 느헤미야가 예루살렘 성이 무너지고 성벽이 불에 타서 세우려고 한다고 대답했다면 그것은 반란죄가 되어 죽임을 당할 수도 있는 것입니다. 그리고 왕이 어떻게 해주면 되겠느냐 물을 때 느헤미야는 즉시 답을 하지 않았습니다.

"왕이 내게 이르시되 그러면 네가 무엇을 원하느냐 하시기로 내가 곧 하늘의 하나님께 묵도하고"(느2:4).

짧은 시간이지만 하늘의 하나님께 어떤 말을 해야 할지 먼저 묻는 것은 기도가 습관이 되었기 때문에 가능했습니다. 빨리 대답해야 하지만 그 짧은 시간에도 기도를 먼저 한 후 대답했습니다. 새벽의 짧은 기도가 하루에 닥칠 많은 위기를 막을 중요한 기도입니다. 가정과 일터, 자녀의 안전을 위한 기도가 됩니다.

솔로몬 왕이 죽은 후 그의 아들인 르호보암이 왕이 되었을 때 선왕(先王)이 세금을 많이 거두고 많은 부역으로 인해 백성들이 원망이 많으니 세금을 낮추어 달라고 관료들이 청했습니다. 그때 르호보암 왕은 3일 동안 여유를 달라고 합니다. 그런데 세금을 낮추거나 없애기 위해 3일 동안 하나님께 기도한 것이 아니라 자신과 함께 자란 젊은 친구들과 상의하고 결론내기를 백성들을 더 압박하고 무거운 세금을 매기기로 합니다. 결국 열두 지파 중 열 지파가 반란을 일으키고 이스라엘은 남과 북으로 분열되어 남북조 시대가 되었습니다(왕상12장).

어떤 사람은 없는 시간을 쪼개어 기도할 시간을 만들고 하나님의 음성듣기를 구합니다. 그런데 기도 시간에도 기도하지 않고 자신의 정욕을 위해 산다면 그는 믿는 사람이라 하지만 하나님의 인도하심을 받기 어렵습니다. 느헤미야는 하나님께 무슨 말을 해야 할지 기도로 지혜를 구했습니다. 느헤미야는 기도한 후 조급하게 행동하지 않고 기다렸습니다. 기도했다면 낙심하지 말고 응답될 때까지 기다려야 합니다. 하나님께 기도한 후 빨리 응답되기를 바라지만 하나님은 뜻을 이루기까지 지연시키면서 믿음이 성숙되게 합니다. 하나님께서 때가 되면 응답하십니다. 금방 응답되지 않는다고 절망하지 마십시오.

2. 절망의 시간에 계획을 세우라.

절망의 시간에 기도하면서 계획을 세우는 사람이 있는가 하면 계획을 세우는 것은 인본주의라 하여 기도만 하는 사람이 있습니다. 하나님이 다 주실 것이라 하여 기도만 하는 사람은 신비주의로 흐르기 쉽습니다. 기독교는 신비주의가 아닙니다. 또 어떤 이는 기도하는 것보다 직접 뛰어야 한다고 주장합니다. 계획을 세우고 사람을 만나느라 새벽부터 바쁘게 움직입니다. 또 기도하면서 계획을 세우고 준비하는 사람이 있습니다.

"그 때에 왕후도 왕 곁에 앉아 있었더라 왕이 내게 이르시되 네가 몇 날에 다녀올 길이며 어느 때에 돌아오겠느냐 하고 왕이 나를 보내기를 좋게 여기시기로 내가 기한을 정하고"(느2:6).

왕이 기한을 정하라 할 때 예루살렘을 재건하고 성전을 재건축하고 망가진 수로를 건설하기까지의 시간에 대해 막연히 얼버무렸다면 왕으로부터 승낙을 받을 수 없었을 것입니다.

"내가 또 왕에게 아뢰되 왕이 만일 좋게 여기시거든 강 서쪽 총독들에게 내리시는 조서를 내게 주사 그들이 나를 용납하여 유다에 들어가기까지 통과하게 하시고"(느2:7).

유다에 들어가기까지 쇠 빗장이 걸려 통행금지 당하지 않도록 허가장도 구합니다.

"또 왕의 삼림 감독 아삽에게 조서를 내리사 그가 성전에 속한 영문의 문과 성곽과 내가 들어갈 집을 위하여 들보로 쓸 재목을 내게 주게 하옵소서 하매 내 하나님의 선한 손이 나를 도우시므로 왕이 허락하고"(느2:8).

4개월 동안 느헤미야는 기도하면서 바벨론과 이스라엘 사이의 수만리 거리를 통과할 때 방해될 것을 미리 염두에 두고 필요한 것들을 미리 알아보았던 것입니다. 그리고 머물 집과 성곽을 지을 들보와 재목, 기둥도 주밀하게 알아두었습니다. 하나님의 선한 뜻을 이루도록 미리 계획을 세웠던 것에 대해 왕의 허락을 구했습니다. 기도할 때 계획을 세우고 필요한 것을 알아보아야 합니다. 하나님께 비가 오기를 기도했다면 쓰고 갈 우산을 미리 준비하는 것처럼 하나님께 기도한다면 준비도 같이 되어야 합니다.

사람이 음식을 먹지 않고 40일을 견딜 수 있지만 물이 없이는 4일을 견디지 못합니다. 공기가 없으면 4분도 견딜 수 없습니다. 그런데 정신분석학자가 말하기를 희망이 없으면 4초도 살 수 없다고 합니다. 사람에게 비전이 없다면 살 수 없습니다. 희망을 계획하고 그 꿈을 위해 기도해야 합니다. 하나님께서 허락하실 때까지 소망의 기도, 계획된 믿음이 되기를 축원합니다. 계획을 가지고 준비할 때 하나님께서 때가 되면 이루게 하실 것입니다. 이렇듯 기도를 하면서 계획을 세우면 때가 되어 하나님께서 이루어 주십니다.

3. 기도하면서 하나님의 기회를 놓치지 말아야 한다.

"주여 구하오니 귀를 기울이사 종의 기도와 주의 이름을 경외하기를 기뻐하는 종들의 기도를 들으시고 오늘 종이 형통하여 이 사람들 앞에서 은혜를 입게 하옵소서 하였나니 그 때에 내가 왕의 술 관원이 되었느니라"(느1:11).

술 관원이 근심 가득한 얼굴을 하고 있습니다. 상대로 하여금 독을 탄 술이 아닌지 생각하게 할 수도 있는 위험한 상황입니다. 그런데 왕의 앞에 그 근심이 위험거리가 아니라 4개월간 엎드려 기도한 결과로 절호의 기회가 되었습니다.

"왕께 대답하되 왕은 만세수를 하옵소서 내 조상들의 묘실이 있는 성읍이 이제까지 황폐하고 성문이 불탔사오니 내가 어찌 얼굴에 수심이 없사오리이까 하니"(느2:3)

겸손한 그의 모습도 보여줍니다. 왕과 친구를 너무 가까이 하면 안 됩니다. 불과 같아서 너무 가까우면 불에 타고 너무 멀리 있으면 혜택을 받을 수 없습니다. 왕에게 술을 올려드리는 술 관원은 얼마나 가까운 곳에 있습니까? 불과 같이 위험할 수 있는 자리이지만 그는 겸손과 예의를 갖추고 적당한 거리를 두었기 때문에 왕으로부터 허락을 받을 수 있었습니다.

그리고 사람은 기회가 왔을 때 포착할 수 있어야 합니다. 다만 그 기회는 하나님의 뜻을 위한 기회가 되어야 합니다. 계획을 세우고 기도한 후 하나님께서 기회를 주실 때 하나님께 영광된 일을 추진해 나가면 반드시 승리할 줄 믿습니다. 아무리 어렵고 안 된다고 해도 하나님은 되게 하십니다. 느헤미야처럼 절망의 밤에 소망의 하나님을 의지하여 기도로 승리하는 믿음이 되기를 축원합니다.

3. 은총을 받은 사람

‖ 단 10:18~19 ‖
¹⁸또 사람의 모양 같은 것 하나가 나를 만지며 나를 강건하게 하여 ¹⁹이르되 큰 은총을 받은 사람이여 두려워하지 말라 평안하라 강건하라 강건하라 그가 이같이 내게 말하매 내가 곧 힘이 나서 이르되 내 주께서 나를 강건하게 하셨사오니 말씀하옵소서

성경에 큰 은총을 받은 사람들이 있습니다. 아브라함이 큰 복을 받았는데 아브라함의 복을 사모하며 사는 사람 역시 그대로 받습니다. "그러므로 믿음으로 말미암은 자는 믿음이 있는 아브라함과 함께 복을 받느니라"(갈3:9).

16세기 스코틀랜드의 존 낙스(John Knox, 1513~1572)는 하나님의 큰 축복을 받은 사람으로 그가 강단에서 설교할 때 많은 사람들이 변화되었습니다. 전쟁으로 인해 피폐하고 영적으로 부패해져 있는 스코틀랜드에서 그는 하나님의 은총을 사모하며 이 은총이 이 나라에 머물도록 강력하게 설교했습니다. 그가 메시지를 전할 때 사람들이 모두 놀라며 가슴을 쳤습니다. 이 설교를 들은 어떤 사람은 영국의 엘리자베스 여왕에게 500명이 나팔을 부는 것보다 강력한 은총이 임한 자리라 했습니다. 그가 묻힌 묘지의 비석에는 '사람의 얼굴을 두려워하지 않는 이가 여기 잠들어 있다'고 쓰여 있습니다. 한 시대

를 뒤흔든 위대한 존 낙스는 사회를 변화시킨 놀라운 인물입니다. 모든 헌신과 행위에서 하나님의 은총을 받지 않으면 헛일입니다. 큰 은총을 받기 위해 무언가 달라야 합니다. 십자가만 바라보면 구원받은 은총과 지금까지 지켜주심을 감사하며 가슴의 울렁거림이 있어야 합니다.

큰 은총을 받은 다니엘은 소년이었을 때 바벨론에 포로로 끌려왔습니다. 그는 하나님의 은총으로 포로임에도 불구하고 총리가 되었습니다. 그리고 왕이 바뀌는 동안 4번이나 총리가 되었습니다.

"내게 이르되 큰 은총을 받은 사람 다니엘아 내가 네게 이르는 말을 깨닫고 일어서라 내가 네게 보내심을 받았느니라 하더라 그가 내게 이 말을 한 후에 내가 떨며 일어서니"(단10:11).

은총을 받은 사람인 다니엘은 이렇게 기도했습니다.

"주여 들으소서 주여 용서하소서 주여 귀를 기울이시고 행하소서 지체하지 마옵소서 …"(단9:19).

다니엘처럼 기도하여 큰 은총을 받기를 축원합니다. 하나님의 은혜를 받아야 합니다.

크게 은총을 받은 사람은 어떤 특징이 있을까요?

1. 하나님 앞에 정한 뜻을 지켜 자기를 관리한다.

다니엘은 유다의 포로 중에서 뽑혀 왕궁에서 살게 되었지만 하나님 앞에 뜻을 정하고 왕이 먹는 진미와 포도주를 거절했습니다.

"다니엘은 뜻을 정하여 왕의 음식과 그가 마시는 포도주로 자기를 더럽히지 아니하리라 하고 자기를 더럽히지 아니하도록 환관장에게 구하니"(단1:8).

마시고 먹는 음식이 자신을 더럽힐 수 있을까요? 그 당시 음식은 바벨론의 우상에게 제사하며 바친 후 사람이 먹었습니다. 다니엘은 우상에게 바쳐진 음식을 먹지 않겠다고 뜻을 정한 것입니다. 우상의 제물을 먹는 것보다 하나님의 말씀에 따르는 것이 더 귀한 것임을 알았기 때문에 우상 제물로 자신을 더럽힐 수 없었습니다. 만약 다니엘이 함부로 거절했다면 왕의 신임을 받지 못했을 것입니다. 만약 그가 왕의 진미를 먹고 타협했다면 하나님이 그를 쓰지 않으셨을 것입니다. 여러분이라면 둘 중 어떤 것을 택하겠습니까? 왕의 신임입니까? 하나님의 신임입니까? 하나님께 결단 후 자신의 욕망을 제어할 때 하나님의 은총이 임합니다.

"노하기를 더디하는 자는 용사보다 낫고 자기의 마음을 다스리는 자는 성을 빼앗는 자보다 나으니라"(잠16:32).

내 감정과 실리를 다스리는 자는 용사보다 낫습니다. 자기 마음을 다스리는 자가 되십시오.

"모든 지킬 만한 것 중에 더욱 네 마음을 지키라 생명의 근원이 이에서 남이니라"(잠4:23).

하나님의 뜻대로 살려 한다면 자기 마음을 잘 관리해야 합니다. 하나님의 뜻대로 살겠다고 뜻을 정하고 자기를 관리하는 사람을 하나님은 꼭 세워주십니다.

2. 위기 중에도 기도와 감사신앙을 가진다.

어떤 위기에서도 기도와 감사를 하는 사람은 승리합니다.

"아무 것도 염려하지 말고 다만 모든 일에 기도와 간구로, 너희 구할 것을 감사함으로 하나님께 아뢰라"(빌4:6).

"다니엘이 이 조서에 왕의 도장이 찍힌 것을 알고도 자기 집에 돌아가서는 윗방에 올라가 예루살렘으로 향한 창문을 열고 전에 하던 대로 하루 세 번씩 무릎을 꿇고 기도하며 그의 하나님께 감사하였더라"(단6:10).

꼭 그렇게 해야 했을까요? 이불을 뒤집어쓰거나 창문을 닫고 기도할 수는 없었을까요? 한 번만 하지 않고 하루 세 번씩 할 필요가 있었을까요? 그는 습관을 따라 기도했습니다. 습관대로 우리는 주일에 교회에 나옵니다. 다니엘은 습관대로 하루 세 번씩 무릎을 꿇고 하나님께 감사의 기도를 드렸습니다. 왕 이외에 어떤 신에게도 기도하면 안 된다는 조서에 어인이 찍혔음에도 불구하고 그는 하나님께 기도하는 습관을 버리지 않았습니다. 그는 기도를 쉬지 않고 하나님께 기도하며 하나님이 가장 높으신 분임을 인정하고 아무리 어려운 환경에 있어도 감사를 잃지 않았습니다. 이런 사람은 반드시 세워주십니다.

"내가 금식하며 베옷을 입고 재를 덮어쓰고 주 하나님께 기도하며 간구하기를 결심하고"(단9:3).

얼마나 간절히 기도하는 모습입니까? 하나님의 뜻대로 살겠다는 결심의 기도입니다. 하나님께서 그런 그를 높여 주셨습니다. 영국의 하퍼 박사는 예수를 믿는 사람이라도 그의 얼굴을 보면 기도하는 사람인지 아닌지 알 수 있다고 했습니다. 교회에 다니면서도 기도하는 사람과 하지 않는 사람을 알 수 있는데 기도하는 사람은 그 얼굴이

해같이 빛난다고 했습니다. 사람이 볼 때도 다릅니다. 하나님이 함께 하시고 은총을 받는 사람은 광채가 납니다.

다니엘의 감사의 표현, 금식하며 기도하는 것과 하루 세 번씩 성전을 향해 기도하는 습관이 그를 특별한 은총의 사람으로 만들었습니다. 기도할 때마다 감사로 하십시오. 기도하지 않은 사람도 성공할 수 있지만 그 성공은 길게 가지 못합니다. 끝이 좋지 않습니다. 재물이 있으면 무엇합니까? 모든 역사가 시간이 지나면 밝혀진다는 것을 증명합니다. 기도하고 받은 은총은 생명이 길고 영원한 은총입니다.

3. 하나님께 큰 은총을 입으면 어떻게 됩니까?

첫째, 강건하게 됩니다.

"이르되 큰 은총을 받은 사람이여 두려워하지 말라 평안하라 강건하라 강건하라 그가 이같이 내게 말하매 내가 곧 힘이 나서 이르되 내 주께서 나를 강건하게 하셨사오니 말씀하옵소서"(단10:19).

노벨 물리학상을 받은 알렉스 뮐러박사(Karl Alex Muller)는 이렇게 말했습니다. '하나님께 기도하며 감사로 찬양하는 사람은 강력한 지적 에너지가 흐른다.' 예수 믿는 사람은 기도하며 감사로 찬양할 때 강력한 에너지가 발생합니다. 힘이 생깁니다. 모든 것을 하나님께 맡기며 기도하십시오. 강건한 복이 임해야 깊은 기도를 할 수 있고 찬송도 할 수 있습니다.

"나는 포도나무요 너희는 가지라 그가 내 안에 내가 그 안에 거하면 사람이 열매를 많이 맺나니 나를 떠나서는 너희가 아무 것도 할 수 없음이라"(요15:5).

우리가 주님 안에 거해야 사명도 감당할 수 있습니다.

"피곤한 자에게는 능력을 주시며 무능한 자에게는 힘을 더하시나니"(사40:29).

"오직 여호와를 앙망하는 자는 새 힘을 얻으리니 독수리가 날개치며 올라감 같을 것이요 달음박질하여도 곤비하지 아니하겠고 걸어가도 피곤하지 아니하리로다"(사40:31).

어떤 일이든지 하나님이 강건케 해주시는 은혜로 늘 승리하기를 축원합니다.

둘째, 두려움이 평안으로 바뀝니다.

"여호와께서 자기 백성에게 힘을 주심이여 여호와께서 자기 백성에게 평강의 복을 주시리로다"(시29:11).

하나님이 함께 하시면 평안을 주십니다. 평강을 뜻하는 '샬롬'과 평화를 뜻하는 '피스(Peace)'는 의미가 다릅니다. 샬롬은 마음 깊은 곳에서 올라오는 평안입니다. 어떤 환경에서도 평화가 임하기를 축원합니다. 두려움이 평안으로 바뀌는 역사가 있기를 축원합니다.

"환난 날에 나를 부르라 내가 너를 건지리니 네가 나를 영화롭게 하리로다"(시50:15).

"그에게 들어가 이르되 은혜를 받은 자여 평안할지어다 주께서 너와 함께 하시도다 하니"(눅1:28).

주님께서 나와 함께 하시면 언제 어디서나 무슨 일을 하든지 평안의 역사가 임합니다.

"천사가 이르되 마리아여 무서워하지 말라 네게 하나님께 은혜를 입었느니라"(눅1:30).

"평안을 너희에게 끼치노니 곧 나의 평안을 너희에게 주노라 내가 너희에게 주는 것은 세상이 주는 것과 같지 아니하니라 너희는 마음에 근심하지도 말고 두려워하지도 말라"(요14:27).

세상이 주는 것과 다른 하나님이 주시는 평안을 사모하십시오. 아무리 힘들고 어려워도 하나님 말씀을 강하게 붙잡고 있으면 승리합니다.

"이것을 너희에게 이르는 것은 너희로 내 안에서 평안을 누리게 하려 함이라 세상에서는 너희가 환난을 당하나 담대하라 내가 세상을 이기었노라"(요16:33).

다니엘처럼 기도하십시오.

"주여 들으소서 주여 용서하소서 주여 귀를 기울이시고 행하소서 지체하지 마옵소서 나의 하나님이여 주 자신을 위하여 하시옵소서 이는 주의 성과 주의 백성이 주의 이름으로 일컫는 바 됨이니이다"(단9:19).

신앙생활하면서 자꾸 두려워하는 이유는 무엇일까요? 교회에 다니면서도 두려워하는 이유는 믿음이 약하기 때문입니다. 또 주님보다 관심이 다른 곳으로 향하고 있기 때문입니다. 또 죄를 지으면 두려움이 생깁니다. 바른 신앙 생활하는 사람은 두려워하지 않습니다.

"악인은 쫓아오는 자가 없어도 도망하나 의인은 사자 같이 담대하니라"(잠28:1).

담대한 신앙생활하시기 바랍니다.

"또 아들들에게 권하는 것 같이 너희에게 권면하신 말씀도 잊었도다 일렀으되 내 아들아 주의 징계하심을 경히 여기지 말며 그에게 꾸지람을 받을 때에 낙심하지 말라"(히12:5).

꾸지람을 받을 일이 많이 있지만 말을 하지 않을 뿐 아버지는 자식을 사랑함을 잊지 말아야 합니다. 아버지가 꾸짖고 엄한 말을 하지만 마음속에는 자식에 대한 사랑이 넘치듯 하나님을 믿는 자는 십자가의 보혈이 흐르기 때문에 하나님께서 때로는 징계를 하시지만 그를 사랑해 주십니다. 때로는 꾸지람을 들을 때도 있지만 낙심하지 말아야 합니다.

"징계는 다 받는 것이거늘 너희에게 없으면 사생자요 친아들이 아니니라"(히12:8).

때로는 사망의 음침한 골짜기에 빠지거나 질병이나 슬픔의 계곡에 빠질 때가 있고 사업의 어려움에 허우적거릴 때도 있고 사람 때문에 어려움 당할 때도 있지만 낙심하지 말고 주님을 의지하십시오.

"내가 사망의 음침한 골짜기로 다닐지라도 해를 두려워하지 않을 것은 주께서 나와 함께 하심이라 주의 지팡이와 막대기가 나를 안위하시나이다"(시23:4).

"하나님은 우리의 피난처시오 힘이시니 환난 중에 만날 큰 도움이시라"(시46:1).

코로나 19로 인해 세계가 고통 받고 있지만 백신으로 해결되지 않습니다. 백신이 나올 때쯤 또 다른 바이러스가 우릴 괴롭힐 수 있습니다. 의지할 분은 오직 하나님 한 분이십니다. 하나님께서 고쳐 주셔야 합니다. 조심하고 지켜야 할 것은 지켜야겠지만 궁극적으로는 하나님이 지켜 주셔야 합니다.

다니엘 12장은 종말의 메시지입니다. 사람이 빠르게 왕래하고 엄청난 정보의 지식을 더하는 지금은 주님이 오시기 임박한 때입니다. 하나님은 내 편이시니 두려워하지 마십시오. 염려하지 마십시오. 초대교회의 크리소스토모스(Ioannes Khrysostomos) 예수님께서 내 생명 되시기 때문에 두려워하지 않는다고 했습니다. 하나님께서 나와 함께 하시는데 무엇을 두려워하겠습니까? 하나님께서 우리와 함께 하시면 큰 은혜의 사람이 될 것입니다.

4. 주만 바라볼지라

‖ 사 40:27~31 ‖

²⁷야곱아 어찌하여 네가 말하며 이스라엘아 네가 이르기를 내 길은 여호와께 숨겨졌으며 내 송사는 내 하나님에게서 벗어난다 하느냐 ²⁸너는 알지 못하였느냐 듣지 못하였느냐 영원하신 하나님 여호와, 땅 끝까지 창조하신 이는 피곤하지 않으시며 곤비하지 않으시며 명철이 한이 없으시며 ²⁹피곤한 자에게는 능력을 주시며 무능한 자에게는 힘을 더하시나니 ³⁰소년이라도 피곤하며 곤비하며 장정이라도 넘어지며 쓰러지되 ³¹오직 여호와를 앙망하는 자는 새 힘을 얻으리니 독수리가 날개치며 올라감 같을 것이요 달음박질하여도 곤비하지 아니하겠고 걸어가도 피곤하지 아니하리로다

‖ 히 12:1~3 ‖

¹이러므로 우리에게 구름 같이 둘러싼 허다한 증인들이 있으니 모든 무거운 것과 얽매이기 쉬운 죄를 벗어 버리고 인내로써 우리 앞에 당한 경주를 하며 ²믿음의 주요 또 온전하게 하시는 이인 예수를 바라보자 그는 그 앞에 있는 기쁨을 위하여 십자가를 참으사 부끄러움을 개의치 아니하시더니 하나님 보좌 우편에 앉으셨느니라 ³너희가 피곤하여 낙심하지 않기 위하여 죄인들이 이같이 자기에게 거역한 일을 참으신 이를 생각하라

하나님의 말씀인 성경에는 샘플과 모델이 있습니다. 구약시대에 아브라함과 이삭과 야곱, 다윗을 비롯한 수많은 인물들이 있고 신약시대에는 바울과 베드로, 디모데와 열두 명의 제자들을 바라봅니다. 또 교회사에도 영적인 인물들이 많습니다. 하지만 사람은 모두 흠이 있습니다. 한계성이 있습니다. 바라보는 것도 모두 다릅니다. 이 땅에 살다가 한 줌 흙으로 돌아가는 인간이 육체적으로 바라보는 것은 유한할 수밖에 없습니다. 믿음의 조상인 아브라함도 흠이 있었습니

다. 두 번이나 아내를 누이라 속이고 하나님의 약속을 잊고 사라의 종인 하갈을 통해 이스마엘을 낳기도 했습니다. 하나님으로부터 '내 마음에 합한 자'라 칭찬을 받았던 다윗도 흠이 많았습니다. 온유한 사람이라 칭함을 받은 모세도 애굽 사람을 쳐 죽여 모래 속에 파묻었습니다. 영적인 모델들이지만 모두 흠이 있습니다. 우리는 오직 온전케 하시는 예수 그리스도를 바라보아야 합니다. 어떤 시련이 있어도 주님만 바라보아야 합니다.

    영화 '벤허'의 주인공은 한순간 노예가 되어 숱한 고난을 겪습니다. 물 한 모금 마시지 못해서 죽게 되었을 때 누군가 그에게 한 대접의 물을 마시게 하여 살아났습니다. 배를 타서 노를 젓게 되었는데 노를 젓는 노예는 죽을 때까지 바다에서 나갈 방법이 없습니다. 그런데 배가 파선하면서 총지휘관과 널빤지 하나에 함께 의지하게 됩니다. 그러다 지휘관이 죽으려고 할 때 죽지 못하도록 끝까지 지켰고 결국 그들은 구출되어 귀족은 높은 지위에 복귀하고 노예는 그의 양아들이 되어 자유민이 되었습니다. 한순간 몰락하여 뿔뿔이 흩어진 그의 가족들의 행방을 찾는데 누이와 어머니가 문둥병자가 되어 문둥병자들이 사는 골짜기에 있는 것을 알게 됩니다. 어느 날 십자가를 지고 가는 사람을 보게 되는데 그가 바로 예전에 그에게 한 대접의 물을 주었던 사람입니다. 바로 예수님입니다. 그는 은혜를 갚고자 물을 갖다 줍니다. 로마 병정의 채찍에 맞지만 개의치 않고 끝까지 예수님을 따라가다가 십자가에 달리시는 모습을 보게 됩니다. 그가 십자가에 못 박히신 주님을 본 후 어머니와 누이를 만나러 가는데 이 두 사람도 십자가의 주님을 바라보는 순간 문둥병이 고침 받게 됩니다. 이제는 그의 가정을 몰락시키고 자신을 노예가 되도록 한 친구에게 복수를 하려고 했지만 더 이상 그가 미워지지 않습니다. 변화된 것입니다. 벤허는 십자가의 예수님을 바라보는 순간 어떤 병도 고침 받고 그의 아픈 마음도 고침을 받는다는 내용인데 작가는 12년 동안 이 영화를 구상하고 직접 3천만 불이라는 큰 금액을 투자하여 영화를 만들었습니다.

예수를 바라보는 사람은 어떤 질병이나 환경도 고침을 받습니다. 지금처럼 힘들고 어려울 때 무엇을 바라보아야 할까요? 우리가 바라볼 것이 육의 것이어야 할까요? 정신적인 것이어야 할까요? 이 모든 것도 중요하지만 우리는 오직 예수님만 바라보아야 합니다.

그럼 예수님을 바라보는 사람에게는 어떤 역사가 나타날까요?

1. 오직 주만 바라보는 사람은 새 힘을 받습니다.

독수리가 새 힘을 받고 날아가는 것처럼 새 힘을 주신다고 말씀하십니다. 우리는 모두 무능하고 약하고 천합니다. 이 세상에 강하고 능력 있는 사람이 있습니까? 이런 사람은 하나님께서 손보기 전까지 겸손해지기 어렵습니다. 모든 것을 갖추고서도 겸손한 사람은 참으로 귀합니다. 그래서 부자가 천국에 들어가는 것이 낙타가 바늘귀로 들어가는 것보다 어렵다고 예수님은 말씀하셨습니다.

"그러나 하나님께서 세상의 미련한 것들을 택하사 지혜 있는 자들을 부끄럽게 하려 하시고 세상의 약한 것들을 택하사 강한 것들을 부끄럽게 하려 하시며 하나님께서 세상의 천한 것들과 멸시 받는 것들과 없는 것들을 택하사 있는 것들을 폐하려 하시나니 이는 아무 육체도 하나님 앞에서 자랑하지 못하게 하려 하심이라"(고전1:27~29).

오직 주님이 하신 일이라는 고백을 할 수 밖에 없는 이유입니다. 비록 내가 약하고 천하고 무능력하고 볼품없는 사람이지만 주님이 강하고 귀하게 능력 있게 만들어주십니다. 종이 한 장은 찢어지기 쉽지만 이 종이가 철판에 붙어있다면 찢으려 해도 찢을 수가 없습니다. 우리는 약하지만 전능하신 하나님께 붙어 있으면 모든 것을 이겨나갈 수 있습니다.

"피곤한 자에게는 능력을 주시며 무능한 자에게는 힘을 더하시나니"(사40:29).

능력을 주시고 힘을 주시는 주님께 내 힘으로 안 되는 문제를 맡기고 기도할 때 다 해결해 주십니다. 주일 낮 예배는 하나님 말씀이 선포되는 시간이며 주일 밤 예배는 과연 그 말씀이 그러한지 확인하는 시간이며 수요일 밤 예배는 세상에 살면서 지치고 피곤한 몸으로 세상에 살면서 그래도 하나님이 택하신 우리이기 때문에 다시 주님께 매달리는 시간입니다. 그리고 금요일 밤은 성령의 능력을 받는 밤입니다. 하나님께서 성령의 능력을 사모하는 자에게 갖가지 은사를 주시고 기적과 이적을 허락하십니다. 금요일 밤에 부르짖고 찬송할 때 갖가지 영적인 것을 주셨는데 이 시대는 그 모든 활동을 못하도록 방해하고 있습니다. 하지만 어떻게 하든지 주님 곁에 있어야 합니다.

"그의 십자가의 피로 화평을 이루사 만물 곧 땅에 있는 것들이나 하늘에 있는 것들이 그로 말미암아 자기와 화목하게 되기를 기뻐하심이라"(골1:20).

주님과 하나가 되어 주님과 화목하면 그것을 기뻐하십니다. 용인의 한 교회가 성전을 짓다가 빚이 20억이 되자 교인들이 모두 떠나가고 청장년층, 학생들 포함하여 30여 명만 남게 되었습니다. 성전을 지었지만 이자를 감당할 수 없어 교회를 유지할 수가 없게 되었습니다. 그 때 학생들이 아름다운 성전을 버릴 수 없으니 이 성전을 끝까지 지키게 해 달라고 재정을 채워달라는 기도를 하기 시작했습니다. 그 기도가 놀라운 기적을 가져왔습니다. 외부로부터 20억이 들어와 교회가 유지되었습니다. 지금도 얼마든지 기적은 나타납니다. 살아계신 하나님이 역사하십니다. 하나님의 방법은 무궁무진하여 얼마든지 하실 수 있습니다.

오늘 사람들이 기도하지 않습니다. 신비한 이적을 믿지 않습니다. 기적이 없는 시대가 아니라 기적을 믿는 믿음이 없는 시대입니다. 기적은 책에 있을 뿐이고 나와는 상관없다는 믿음이기 때문에 문제입니다. 그 기적이 내 기적이 될 것을 믿으십시오. 성령이 내게 역사하기를 사모하십시오. '주여, 내게 성령의 능력을 허락하소서.' 안 되는 것을 되게 하시고 없는 것을 있게 하시는 주님이 내 기도를 들어 주십니다.

2. 오직 주만 바라보는 사람은 온전하게 됩니다.

"믿음의 주요 또 온전하게 하시는 이인 예수를 바라보자 그는 그 앞에 있는 기쁨을 위하여 십자가를 참으사 부끄러움을 개의치 아니하시더니 하나님 보좌 우편에 앉으셨느니라"(히12:2).

주님을 바라보는 사람은 그의 허물과 죄를 사해 주시고 온전케 하십니다. 하나님과 단절되고 저주를 받아 가난과 고통, 질병과 죽을 수밖에 없는 우리가 예수 그리스도의 피 흘리심으로 말미암아 죄 용서받고 온전케 된 것입니다.

"율법을 따라 거의 모든 물건이 피로써 정결하게 되나니 피흘림이 없은즉 사함이 없느니라"(히9:22).

왜 피가 중요할까요? 피에 생명이 있기 때문입니다.

"육체의 생명은 피에 있음이라 내가 이 피를 너희에게 주어 제단에 뿌려 너희의 생명을 위하여 속죄하게 하였나니 생명이 피에 있으므로 피가 죄를 속하느니라"(레17:11).

예수 그리스도의 보혈에 의해 우리가 구속함을 받았습니다.

"그 아들 안에서 우리가 속량 곧 죄 사함을 얻었도다"(골1:14).

그래서 우리가 보혈을 의지하여 기도합니다. 사람은 자신이 똑똑하다고 생각하고 자신의 잘못을 모릅니다. 완전한 사람은 없습니다. 주님을 바라볼 때 온전해집니다. 주님을 바라볼 때 치유됩니다. 예수님이 채찍에 맞으심으로 우리의 질병을 고쳐주셨습니다.

"친히 나무에 달려 그 몸으로 우리 죄를 담당하셨으니 이는 우리로 죄에 대하여 죽고 의에 대하여 살게 하려 하심이라 그가 채찍에 맞음으로 너희는 나음을 얻었나니"(벧전2:24)

주님이 채찍에 맞으심으로 우리가 나음을 입었습니다. 질병을 낫게 하는 가장 중요한 기저는 주님이 채찍에 맞으심입니다. 기도할 때 그것을 의지하여 기도합니다. 주님이 나를 위해 채찍에 맞으시고 피를 흘리셨기 때문에 나는 고침을 받는다는 믿음입니다. 질병만 고침 받습니까? 마음도 고침 받습니다. 어떤 이는 마음에 미움이, 어떤 이는 원망으로 가득 차 있습니다. 분노가 차 있어서 말을 건넬 수가 없는 사람도 있습니다. 교만이나 우울로 가득 차 있기도 합니다. 절망으로 차 있는 사람도 예수님의 채찍 맞으심으로 고침 받습니다. 삭개오는 그 마음에 이기심으로 가득 차 있어서 사람을 우습게 알고 돈만 알았지 사람들과 화목하지 못했으나 예수님을 만나고 변화되었습니다.

기도할 때 주님이 새 힘을 주십니다. 주님을 앙망할 때 피곤이 물러가고 소망이 없는 사람도 새 힘을 주십니다. 죽음도 담대히 물리칠 수 있는 것이 성도의 힘입니다. 사탄은 어떻게 하든지 우리를 넘어뜨리려 합니다. 주님만 의지하여 우뚝 서십시오. 몸도 마음도 영도 새 힘을 받아 소망의 일생이 되십시오. 주님을 만나고 의지하는 사람은 신분이 변화됩니다. 예수를 믿음으로 비록 발은 땅을 딛고 있지만 모든 생각은 하늘에 있게 됩니다. 성품이 달라집니다. 참을 수 없는 순간에 참게 되고 절제하게 됩니다. 삶이 바뀝니다.

바라볼 것은 많지만 우리가 바라볼 것은 오직 예수님이십니다. 온전케 하시는 예수를 바라보십시오. '패션 오브 크라이스트(Passion Of Christ)'라는 영화의 감독인 멜 깁슨은 술과 마약을 했던 사람으로 자살 직전까지 갔다가 예수를 만났습니다. 내 죄로 인해 십자가에 달리신 예수님께 어떻게 보답할까 생각하여 만든 영화가 이 영화입니다. 영화를 찍을 때 매일 촬영 전 예배를 드렸는데 무슬림도 기독교로 전향하게 되어 온 출연진이 예수를 믿는 기적이 나타났다고 합니다. 주님은 되게 하십니다.

3. 오직 주만 바라보는 사람은 믿음의 승리자가 됩니다.

사탄은 어떻게 하든지 예수를 못 믿도록 방해합니다. 코로나 19로 방해하지만 예배생활과 믿음생활에서 끝까지 승리하십시오. 사자가 사냥할 때 언제나 성공하는 것은 아니지만 무리 가운데서 떨어진 존재를 목표로 삼습니다. 무리 안에 있는 것은 건드리지 못합니다. 하지만 생명 걸고 도망치면 그것도 못 잡습니다. 오직 주님만 바라보는 사람은 우는 사자처럼 달려드는 사탄으로부터 승리합니다.

"또 어떤 이들은 조롱과 채찍질뿐 아니라 결박과 옥에 갇히는 시련도 받았으며 돌로 치는 것과 톱으로 켜는 것과 시험과 칼로 죽임을 당하고 양과 염소의 가죽을 입고 유리하여 궁핍과 환난과 학대를 받았으니"(히11:36~37).

초대교회 성도들은 이와 같은 핍박을 받았지만 이겨나갔습니다.

"이러므로 우리에게 구름 같이 둘러싼 허다한 증인들이 있으니 모든 무거운 것과 얽매이기 쉬운 죄를 벗어 버리고 인내로써 우리 앞에 당한 경주를 하며"(히12:1).

구약과 신약의 수많은 증인들이 우리 앞에 있습니다. 경주를 할 때 목표는 오직 예수님이십니다. 그 분을 바라보고 경주하십시오.

"너희가 피곤하여 낙심하지 않기 위하여 죄인들이 이같이 자기에게 거역한 일을 참으신 이를 생각하라"(히12:3).

초대교회 성도들은 유대인들과 로마 병정들로부터 얼마나 핍박을 받았던지 풍전등화와 같았지만 핍박 중에도 순교하기까지 예수님을 바라보고 믿음을 지켰기 때문에 2천년이 지난 지금까지 복음이 전해질 수 있었습니다. 이렇게 복음을 지켜나가시기를 축원합니다.

뱀처럼 지혜롭고 비둘기처럼 순결하게 주님을 바라보고 위대한 승리자가 되기를 주의 이름으로 축원합니다.

5. 하나님께 더 가까이

‖ 출 5:20~23 ‖

[20]그들이 바로를 떠나 나올 때에 모세와 아론이 길에 서 있는 것을 보고 [21]그들에게 이르되 너희가 우리를 바로의 눈과 그의 신하의 눈에 미운 것이 되게 하고 그들의 손에 칼을 주어 우리를 죽이게 하는도다 여호와는 너희를 살피시고 판단하시기를 원하노라 [22]모세가 여호와께 돌아와서 아뢰되 주여 어찌하여 이 백성이 학대를 당하게 하셨나이까 어찌하여 나를 보내셨나이까 [23]내가 바로에게 들어가서 주의 이름으로 말한 후로부터 그가 이 백성을 더 학대하며 주께서도 주의 백성을 구원하지 아니하시나이다

　사람은 누구나 자기의 뜻대로 되기를 원합니다. 온 우주가 자기를 중심으로 돌아가길 원합니다. 이를 인본주의라고 합니다. 그러나 성경은 하나님의 뜻이 이루어지기 원한다고 말씀합니다. 그래서 믿는 사람들은 기도할 때 하나님의 뜻에 가까이 다가가고 하나님의 뜻에 맞는 삶을 살기 원한다고 기도합니다. 모든 것을 하나님의 뜻을 중심으로 사는 것을 신본주의라고 합니다. 때론 내 생각에 맞지 않는 것이 있을 수 있습니다. 그렇다고 해서 하나님을 등지거나 교회를 등지면 안 됩니다. 내 생각과 맞지 않는 것이 있을 때일수록 하나님의 뜻이 어디에 있는지 더 하나님께 가까이 가야 합니다. 역사를 살펴볼 때 과정에 있는 경우 이해가 가지 않는 경우가 종종 있습니다. 일본이 우리나라를 지배한 36년 동안 중간 과정에 있던 사람들은 우리나라가 해방할 것이라는 생각을 단 한 번도 하지 못했습니다. 꿈같은

얘기라고만 생각했기에 일제의 앞잡이가 되어 민족의 매국노가 되어 욕을 먹은 것입니다. 역사의 긴 안목을 보지 못해서 그렇습니다. 역사 전체를 보게 되면 정말 힘이 들고 어려워도 일제로부터 반드시 해방된다는 것을 안다면 누가 일제의 앞잡이를 하겠습니까?

구약성경을 통해 이스라엘의 역사와 신약성경을 통해 초대교회의 역사를 우리는 알고 있습니다. 하나님이 하신 전체의 역사를 보면 우리에게 너무나도 소중한 교훈이 있습니다. 하나님 말씀을 잘 알면 하나님의 말씀으로 인해 승리한다는 믿음을 가지게 되고 반드시 승리합니다. 하나님의 뜻, 하나님의 섭리, 하나님의 인도, 하나님의 주권, 하나님의 주광을 잘 알고 하나님의 뜻대로 살아가는 우리들이 되길 바랍니다.

지금 모세는 하나님의 말씀대로 행했습니다. 그러나 그 과정은 너무나도 어려웠습니다. 이스라엘 백성이 자신을 향해 원망하고 돌을 집어 던지려고 합니다. 그때 모세는 하나님께 기도합니다. '어찌하여 내가 이렇게 어려움을 당하지요? 돌아보시옵소서.' 결국 모세는 애굽에서 430년 동안 노예였던 이스라엘 민족을 해방시키는 지도자가 되고 광야생활에서 승리자가 되고 이스라엘 민족을 젖과 꿀이 흐르는 축복의 가나안 땅으로 이끄는 위대한 지도자가 된 것입니다. 과정을 생각하면 답답할 때가 많지만 포기하면 안 됩니다. 끝까지 가면 반드시 광명한 날이 옵니다. 겨울이 아무리 추워도 반드시 봄은 옵니다. 이것은 하나님의 섭리입니다. 끝까지 가는 자는 반드시 승리합니다.

1. 하나님의 뜻을 행한 사람

하나님은 타지 않는 떨기나무 가운데서 모세를 부르셨습니다. 그리고 모세에게 이스라엘 백성을 애굽에서 건져내라고 말씀하십니다. 그런데 모세는 아무리 생각해도 자신이 없었습니다. '제가 누구관대. 나는 능력이 없습니다.' 4번이나 변명을 하고 못한다고 합니다. 그러자 하나님이 화를 내십니다. '너의 말하는 것이 네 입에 있지 않다. 내가 할 말을 너에게 넣어줄 것이다. 그래도 자신이 없다면 말을 잘하는 네 형 아론을 내가 붙여줄 것이다.'

"여호와께서 아론에게 이르시되 광야에 가서 모세를 맞으라 하시매 그가 가서 하나님의 산에서 모세를 만나 그에게 입맞추니"(출 4:27).

결국 모세와 아론이 함께 이스라엘 자손의 장로들을 만납니다. 그리고 아론이 여호와께서 모세에게 이르신 모든 말씀을 전하고 하나님이 알려주신 이적을 행해서 하나님의 섭리를 믿게 합니다. 하나님이 알려주신 세 가지의 이적은 모세의 손에 들렸던 지팡이를 던지자 뱀이 되었고 다시 잡았을 때 지팡이로 바뀐 것과 손을 품에 넣었을 때 문둥병이 발했고 다시 넣었다 빼면 온전한 손으로 돌아온 것과 나일강 하수의 물을 떠서 땅에 쏟았을 때 그 물이 피로 변한 것입니다. 이것을 본 백성들이 모세의 말을 믿게 됩니다. 결국 모세는 하나님의 말씀대로 바로 앞에 가서 선포하고 하나님이 알려주신 이적들을 보여 줍니다.

하나님은 모세에게 애굽 왕에게 가서 할 말을 알려주십니다. "그들이 네 말을 들으리니 너는 그들의 장로들과 함께 애굽 왕에게 이르기를 히브리 사람의 하나님 여호와께서 우리에게 임하셨은즉 우리가 우리 하나님 여호와께 제사를 드리려 하오니 사흘길쯤 광야로 가도록 허락하소서 하라"(출3:18).

지금 바로의 입장에서 보면 430년간 노예로 부리던 200만 명이 넘는 민족이 빠져나가겠다는 것입니다. 풀어줄 수 없다고 말하며 이전보다 더욱 힘들게 일을 시킵니다. 더 심한 고통을 겪게 된 이스라엘 백성들은 모세를 향해 원망이 더욱 커집니다. 모세는 하나님이 말씀하신 대로 그대로 했을 뿐인데 이제 백성들이 모세를 향해 돌을 던집니다. 견딜 수가 없습니다. 이럴 때 모세는 어떻게 해야 할까요?

2. 하나님의 뜻을 행한 결과

모세는 하나님의 뜻을 행하고 말씀을 그대로 전했을 뿐입니다. 그런데 상황이 어렵게 되었습니다. 이 힘든 상황도 긴 역사에서 보면 일시적일 뿐이지만 당하는 그 순간은 너무도 어렵습니다.

"바로가 이르되 여호와가 누구이기에 내가 그의 목소리를 듣고 이스라엘을 보내겠느냐 나는 여호와를 알지 못하니 이스라엘을 보내지 아니하리라"(출5:2).

애굽의 왕인 바로는 신입니다. '파라오'를 바로라고 부른 것인데 '파라오'는 '태양의 아들'이라는 뜻입니다. 애굽은 태양신을 숭배하는데 왕인 바로는 바로 태양의 아들이기에 신입니다. 자신이 신인데 노예민족이 자신들의 신에게 제사를 드리겠다는 것을 용납할 수 없는 것입니다. '하나님이 누군데 그 말을 들어야 해?'라고 말하는 바로의 말은 마치 현대에서는 '하나님이 누구인데 주일날 교회 간다고 나들이를 못하게 해?' '하나님이 누구인데 내 죄를 사할 수 있다고 해?' '하나님이 누구인데 그렇게 할 수 있어?'라고 말하는 바로형 언어를 사용하는 사람들의 모습과 같습니다.

그리고 바로는 모세의 이 말을 듣자 이 백성들이 할 일이 없어서 이런 생각을 한다고 말하면서 이스라엘 백성들이 지금까지 만들어 온 벽돌의 수량은 줄이지 않고 벽돌을 만들 때 함께 넣는 짚을 예전에는 그냥 주었는데 이제는 그것도 주워 와서 벽돌을 만들게 합니다. 이스라엘 백성들이 자신들에게 더 많은 고통이 생기자 눈에 보이지 않는 하나님보다 눈앞에 있는 모세에게 먼저 원망합니다.

"그들에게 이르되 너희가 우리를 바로의 눈과 그의 신하의 눈에 미운 것이 되게 하고 그들의 손에 칼을 주어 우리를 죽이게 하는도다 여호와는 너희를 살피시고 판단하시기를 원하노라"(출5:21).

그때 모세는 하나님께 기도합니다.

"모세가 여호와께 돌아와서 아뢰되 주여 어찌하여 이 백성이 학대를 당하게 하셨나이까 어찌하여 나를 보내셨나이까"(출5:22).

지금 모세는 하나님이 시키는 대로 했습니다. 그런데 자신에게 고통으로 되돌아오고 상황은 더 어렵게 되었습니다. 그래서 모세는 혼란스럽고 좌절합니다. 우리가 사는 세상에서도 이런 일들은 생길 수 있습니다.

하나님의 능력의 종 엘리야는 기손 시내에서 바알과 아세라 우상을 섬기는 선지자들 850명을 죽였지만 이후 왕후 이세벨 자신을 죽이려고 한다는 소문을 듣고는 좌절해서 로뎀나무 아래서 하나님께 죽기를 구하고 있었습니다. 다윗왕도 하나님의 마음을 기쁘시게 해

드린다고 했지만 그 자신도 낙심되고 탈진될 때가 많았습니다. 우리가 하나님의 말씀대로 살고 하나님의 뜻대로 살았는데 왜 가면 갈수록 더 힘들어질까요? 이 고비를 잘 알아야 합니다. 반드시 하나님의 사람은 승리합니다. 성도의 삶은 분명히 해피엔딩입니다. 그래서 과정이 힘들다고 해서 절대 낙심해서는 안 됩니다. 지금 이스라엘 백성은 애굽에서 나가야 합니다. 애굽에서 나가기 위해 정을 떼기 위해 이런 일들이 있는 것입니다. 그리고 하나님에게 반하는 사람과 일들은 사탄이 그렇게 하는 것입니다. 태양의 아들이라 불리는 바로도 사탄의 하수인입니다. 바로가 점점 더 악한 일을 벌일 때는 일의 끝이 되었다는 것을 알아차려야 합니다. 결국 바로는 열 번째 재앙인 자신의 맏아들이 죽고 나서야 이스라엘 백성들을 내보내줍니다. 이 모든 것이 하나님의 섭리였지만 그 과정은 힘들었습니다. 하지만 하나님은 모든 것이 합력하여 선을 이루게 하심을 믿으시기 바랍니다.

옛날 한 농부가 시장에 갔다가 거울을 사왔습니다. 거울이 흔하지 않던 시절이라 자신의 얼굴이 보이는 거울이 신기해서 집에 와서 장롱에 넣어두고 혼자서만 꺼내 봅니다. 시간이 있을 때마다 거울을 꺼내보고 혼자서 히죽거리며 웃는데 남편이 장롱을 열고 뭔가를 꺼내서 보고는 웃고 있는 것이 이상했던 아내가 하루는 장롱을 열어 찾아봤습니다. 그런데 이상하게 생긴 것을 꺼내 보니 아니 거기에 한 여자가 있는 것을 보고는 놀라서 남편이 여자를 장롱 속에 숨겨놓았다고 시어머니에게 일러바쳤습니다. 시어머니가 달려와 그것을 보고는 아니 웬 늙은 할머니를 숨겨놓았다고 며느리에게 말합니다. 지금으로 보면 말도 안 되는 일이지만 거울에 대해 무지해서 생긴 일입니다. 마찬가지로 하나님께 대해 무지하면 바로처럼 하나님이 누구관대 라고 하면서 어리석은 일을 합니다. 그래서 호세아 선지자가 말합니다.

"그러므로 우리가 여호와를 알자 힘써 여호와를 알자…"(호6:3).

하나님께 대해 등을 돌리고 교회를 안 나오고 신앙생활도 자기 마음대로 하는 것은 하나님을 제대로 알지 못해서 그런 것입니다. 끝까지 하나님을 의지하고 살기 바랍니다.

그렇다면 하나님은 어떤 하나님이십니까?

"여호와께서 모세에게 이르시되 이제 내가 바로에게 하는 일을 네가 보리라 강한 손으로 말미암아 바로가 그들을 보내리라 강한 손으로 말미암아 바로가 그들을 그의 땅에서 쫓아내리라"(출6:1).

하나님은 '강한 손'을 가지고 계십니다. 그리고 지금 우리는 하나님을 여호와라고 부르지만 당시 이스라엘 백성들은 감히 하나님의 이름을 부르지 못했습니다.

"하나님이 모세에게 말씀하여 이르시되 나는 여호와이니라 내가 아브라함과 이삭과 야곱에게 전능의 하나님으로 나타났으나 나의 이름을 여호와로는 그들에게 알리지 아니하였고"(출6:2~3).

당시에는 여호와가 아닌 '엘 샤다이' 즉 전능하신 하나님으로 불렀습니다. 하나님은 전능하신 하나님, 창조주 하나님, 전지전능 무소부재하신 하나님이십니다. 이런 하나님이 반드시 이스라엘 백성을 애굽에서 나가게 하겠다고 말씀하십니다. 하나님의 뜻대로 살면 반드시 하나님께서 우리를 인도해주십니다.

남아프리카 공화국의 넬슨 만델라 대통령은 27년 동안 감옥살이를 했습니다. 감옥에 같이 있는 사람들은 늘 사회와 사람들에게 불평과 불만이 많았는데 만델라는 감옥에서 열심히 운동하고 자신의 실력을 키웠습니다. 결국 나중에 대통령이 되고 노벨상을 받고 전 세계에 영향력을 끼치는 사람이 되었습니다. 항상 준비하며 자신의 실력을 키우는 사람은 반드시 좋은 빛을 보는 날이 옵니다.

3. 하나님의 축복의 섭리

우리가 고통을 당하고 어려움을 당할 때는 오히려 더 하나님께 가까이 가야 합니다. 그러나 사람들은 고통을 당하면 하나님을 등지고 기도해도 소용없다고 말하기 쉽습니다. 성경은 이런 사람들을 어리석다고 말씀합니다.

"하나님을 가까이하라 그리하면 너희를 가까이 하시리라…"(약 4:8).

"어리석은 자는 그의 마음에 이르기를 하나님이 없다 하는도다 그들은 부패하고 그 행실이 가증하니 선을 행하는 자가 없도다"(시 14:1).

"어리석은 자는 그의 마음에 이르기를 하나님이 없다 하도다 그들은 부패하며 가증한 악을 행함이여 선을 행하는 자가 없도다"(시 53:1).

하나님은 살아계십니다. 하나님은 우리를 보고 계십니다. 하나님의 인도하심을 받는 축복된 삶을 살기 바랍니다. 에드가 게스트의 시 중에 이런 구절이 있습니다. '하나의 깨어진 꿈은 모든 꿈의 마지막이 아니다. 하나의 무너진 희망은 모든 희망의 마지막이 아니다. 폭풍우치고 비바람 쳐도 별들은 빛나고 있으니 그대의 성곽 무너져버려도 다시 성곽 짓기를 계속하라' 무엇이 힘들고 낙심이 되어도 끝까지 나아가기 바랍니다. 왜냐면 하나님은 역사의 주관자가 되시고, 내 인생의 주권자가 되시기 때문입니다. 하나님은 하나님의 섭리대로 이끌어 가십니다.

"다만 그들이 항상 이 같은 마음을 품어 나를 경외하며 내 모든 명령을 지켜서 그들과 그 자손이 영원히 복 받기를 원하노라"(신5:29).

우리는 항상 하나님의 편에 서야 합니다. 내 뜻대로 안된다고 바로의 편에 서면 안 됩니다. 바로는 사탄의 상징이요, 불의의 상징입니다. 결국 모세는 열 번의 도전 끝에 승리해서 위대한 지도자가 되었습니다.

"내가 너와 함께 있어 네가 어디로 가든지 너를 지키며 너를 이끌어 이 땅으로 돌아오게 할지라 내가 네게 허락한 것을 다 이루기까지 너를 떠나지 아니하리라 하신지라"(창28:15).

야곱이 형 에서를 피해 도망할 때 하나님은 야곱에게 약속하셨습니다. 그러나 야곱은 많은 고난을 당할 때 자기 혼자라고 생각했습니다. 하지만 하나님은 그에게 큰 축복을 주셨고 그를 다시 불러서 돌아오라고 말씀하십니다. 돌아온 야곱은 하나님을 만난 장소를 브니엘이라 이름 지었고 하나님은 야곱의 이름을 이스라엘이라 바꾸어 주셨으며 지금의 이스라엘 국가의 호칭이 되었습니다. '내가 너와 함께 있어 어디로 가든지 지키겠다'는 하나님의 약속은 꼭 지켜주심을 믿으시기 바랍니다. 하나님은 믿는 자의 하나님이십니다. 이런 신앙만 된다면 두려울 것이 없습니다.

예수님께서 죽은 나사로의 무덤 앞에서 마리아와 마르다에게 하신 말씀입니다.

"예수께서 이르시되 내 말이 네가 믿으면 하나님의 영광을 보리라 하지 아니하였느냐 하시니"(요11:40).

또 예수님께서 직접 말씀하셨습니다.

"이것을 너희에게 이르는 것은 너희로 내 안에서 평안을 누리게 하려 함이라 세상에서는 너희가 환난을 당하나 담대하라 내가 세상을 이기었노라"(요16:33).

하나님은 우리가 세상을 살아가면서 어려움을 당할 것을 아십니다. '담대하라 내가 세상을 이기었노라' 말씀하신 것은 예수님이 세상을 이기셨으니 우리들도 세상을 이길 것이라는 뜻입니다. 담대한 믿음을 가지면 반드시 승리합니다. 언제나 하나님을 가까이하는 삶을 살아가기 바랍니다.

6. 하나님의 사람아

‖ 딤전 6:11~16 ‖

[11]오직 너 하나님의 사람아 이것들을 피하고 의와 경건과 믿음과 사랑과 인내와 온유를 따르며 [12]믿음의 선한 싸움을 싸우라 영생을 취하라 이를 위하여 네가 부르심을 받았고 많은 증인 앞에서 선한 증언을 하였도다 [13]만물을 살게 하신 하나님 앞과 본디오 빌라도를 향하여 선한 증언을 하신 그리스도 예수 앞에서 내가 너를 명하노니 [14]우리 주 예수 그리스도께서 나타나실 때까지 흠도 없고 책망 받을 것도 없이 이 명령을 지키라 [15]기약이 이르면 하나님이 그의 나타나심을 보이시리니 하나님은 복되시고 유일하신 주권자이시며 만왕의 왕이시며 만주의 주시요 [16]오직 그에게만 죽지 아니함이 있고 가까이 가지 못할 빛에 거하시고 어떤 사람도 보지 못하였고 또 볼 수 없는 이시니 그에게 존귀와 영원한 권능을 돌릴지어다 아멘

사도 바울은 디모데를 '너, 하나님의 사람'이라 불렀습니다. 하나님의 사람이란 어떤 뜻일까요? 하나님을 믿는 모습은 어떠하며 하나님의 사람이라 부를 때 어떤 것을 지시하실까요?

우리교회는 처음 안디옥 교회처럼 하나님께서 주시는 힘으로 몇 사람이 안 되지만 복음 전파를 위해 목표를 감당하도록 기도했습니다. 그 목표는 하나님을 경외하는 믿음이었습니다. 하나님을 기쁘시게 하고 하나님을 두려워하는 믿음으로서 주일예배를 온전히 드리고 온전한 십일조를 하겠다는 목표를 두었습니다. 이렇게 살면 하나님은 우리에게 능력을 주실 것을 확신했습니다. 순적한 길로 인도하실 것을 믿고 한 마음, 한 사명, 한 목표를 위해 달렸습니다. 하나의

가치를 위해 한 몸을 이루는 교회가 되고자 했습니다. 오직 믿음으로 하나님을 기쁘시게 하여 하나님께 능력을 받고 인정을 받고자 하는 목표였습니다. 이 모든 것의 근원은 하나님의 자녀로 삼으신 은혜였습니다.

"영접하는 자 곧 그 이름을 믿는 자들에게는 하나님의 자녀가 되는 권세를 주셨으니"(요1:12).

하나님께서 자녀 삼으신 우리에게 권능을 주시고 우리의 신분에 대해 '택하신 족속' '왕 같은 제사장' '거룩한 나라' '소유된 백성'이라 네 가지로 말씀하셨습니다.

"그러나 너희는 택하신 족속이요 왕 같은 제사장들이요 거룩한 나라요 그의 소유가 된 백성이니 이는 너희를 어두운 데서 불러내어 그의 기이한 빛에 들어가게 하신 이의 아름다운 덕을 선포하게 하려 하심이라"(벧전2:9).

하나님이 우리의 신분을 이렇게 높여주셨습니다.

"오직 너 하나님의 사람아 이것들을 피하고 의와 경건과 믿음과 사랑과 인내와 온유를 따르며"(딤전6:11).

'오직'이라는 말을 붙인 이유는 디모데전서 6장의 5절부터 10절까지의 부패하고 방탕하여 하나님이 쓰실만하지 않은 세상 사람들과 구별되라는 것입니다. 세상 사람들은 그렇게 살지라도 너는 하나님의 사람이기 때문에 능력 있고 축복된 사람으로 살라는 뜻입니다. 성별의 가치를 알고 그 가치를 붙잡고 살아야 합니다. 그러면 우리가 하나님의 사람으로서 어떤 모습으로 살아야 할까요?

1. 따르라.

오늘날 사람들이 무엇을 따르고 삽니까? 매스컴에서 나오는 것을 보면 죄다 악할 뿐, 정상적인 것이 없습니다. 세상 사람들은 그렇게 살지라도 하나님의 사람은 세상을 따라 살면 안 됩니다. 세상 사람들은 그냥 그렇게 살아도 누가 뭐라고 하지 않지만 교회가 세상 사람들처럼 행하면 대번 지목을 받습니다. 왜 그럴까요? 교회는 이 시대의 희망이기 때문입니다. 암암리에 저들은 교회만큼은 그러지 않기를 바랍니다. 이 시대의 척도이며 희망으로 생각하기에 교회만큼은 어긋나지 않기를 바랍니다.

1700년대 영국에 산업혁명이 일어나고 기계화로 인해 엄청난 변화가 생깁니다. 농경사회가 공업화로 바뀌면서 물질문명이 발달하고 사람들은 타락합니다. 영국 교회의 비리가 나타나고 술집이 늘어나며 도박이 성행해질 때 이래서는 안 되겠다는 개혁운동이 요한 웨슬레를 중심으로 하여 일어납니다. 감리교 창시자인 요한 웨슬레는 하나님께 돌아가서 하나님의 사람으로 살자고 외치며 변혁을 꾀하고 영적인 삶을 추구했습니다. 하나님의 사람이란 하나님의 거룩성을 따르는 사람입니다.

"오직 너 하나님의 사람아 이것들을 피하고 의와 경건과 믿음과 사랑과 인내와 온유를 따르며"(딤전6:11).

의와 경건, 믿음과 사랑, 인내와 온유를 따르고 믿음의 선한 싸움을 싸우라 했습니다. 예수님께서 '나를 믿으라' 할 때 이 말은 따르라는 뜻입니다. 하나님의 사람은 의와 경건, 믿음과 사랑, 인내와 온유를 따라야 합니다. 이 덕목에서 '의'는 이웃 간의 삶의 모습이며 '경건'

은 하나님과의 관계입니다. '믿음'은 하나님을 신뢰하는 것입니다. 또 '사랑'은 사람과의 관계에서의 행동이며 '인내'는 어려운 상황에서 참는 것입니다. 개인과 가정, 교회와 모든 모습에서 어렵지만 참는 것이며 '온유'는 사람과의 관계에서 참는 것입니다. 사랑해서 참는 것이고 도저히 참을 수 없는 상황에서는 인내하십시오. 사람과의 관계에서 온유하게 대하십시오. 상황과 사람과의 관계에서 참는 것이 물론 어렵지만 하나님의 사람의 덕목입니다.

사도 바울은 디모데에게 긍정적인 부탁과 부정적인 부탁을 하고 있습니다. 의와 경건, 믿음과 사랑, 인내와 온유에 대한 선한 영적인 덕목에 대한 긍정적인 부탁입니다. 부정적인 것은 모든 악에서 떠나라는 것입니다. 주님을 따르고 말씀을 따라 살아가십시오.

2. 싸우라.

매일은 경건의 싸움입니다. 대천덕 신부님이 계셨던 예수원은 찾아오는 사람들에게 보리밥에 밭에서 뽑은 배추, 고추장과 콩나물국으로 식사를 하게하고 날마다 밭에서 일을 하게끔 합니다. 기도하러 온 사람마다 종일 일을 하고 가도록 합니다. 밭을 갈고 씨를 뿌리는 동안 세상의 상념은 사라지고 온전히 기도에 몰두할 수 있습니다. 대천덕 신부는 사탄이 한국 교회를 무너뜨리기 위해 세 가지의 전략을 쓰고 있다 합니다.

첫째는 교회를 핍박한다고 합니다. 이상한 점은 핍박하면 교회가 죽을 것 같지만 오히려 그 핍박을 이겨나간다고 합니다. 죽을 것 같지만 그 핍박 속에서도 살아나는 것이 한국 교회의 특징입니다.

둘째는 면역화입니다. 사탄은 영적으로 교회에 깊이 들어가지 못하게 합니다. 적당히 예수 믿으라고 합니다. 극성스럽게 금요일까지 교회에 가지 말고 주일예배만 드리라고 합니다. 손을 들고 기도하면 광신적이라 말하고 정통적인 모습이 아니라 하면서 영적으로 무너뜨리려 합니다. 그래서 열심히 교회 다니는 사람들이 이단에 빠지게 합니다. 이단은 열심입니다. 열심히 못하게 하는 면역화가 위험합니다. 하지만 이런 사탄의 계략에도 불구하고 열심을 내려고 합니다.

셋째는 타락화입니다. 매스컴을 통해 설교가 많이 들려지도록 합니다. 지금 신문과 텔레비전, 인쇄물과 인터넷에서 설교가 쏟아집니다. 또 편하게 예배를 드리는 곳이 늘어나고 있습니다. 온라인 예배를 통해 누워서 휴대폰을 보며 설교말씀을 듣고서 예배를 드렸다고 위안을 삼습니다. 점점 교회가 필요 없어지고 '주여, 주여'라고 부르짖는 소리가 사라집니다. 영적인 추락입니다. 외모는 화려합니다. 오늘 교회마다 각종 첨단 기계들로 편안한 예배를 드리도록 하지만 영적으로는 한없이 추락하는 것을 보고 있습니다. 이것은 교회를 타락시키고자 하는 사탄의 계략일 수 있습니다.

대천덕 신부는 세상을 떠났지만 그의 말은 되새겨 들을 필요가 있습니다. 코로나 19로 인해 사회적 거리두기를 강조하고 교회 모임을 자제하라고 할 때 굳이 금요예배를 드릴 필요가 있을까 하고 집에서 온라인으로 예배를 드리기를 권하는 세상입니다. 집에서도 얼마든지 예배를 드릴 수 있도록 유튜브를 통해 설교를 들을 수 있다는 편리함을 추구하는 기독교의 양상이 영적인 상태를 추락시키고 있습니다.

"믿음의 선한 싸움을 싸우라 영생을 취하라 이를 위하여 네가 부르심을 받았고 많은 증인 앞에서 선한 증언을 하였도다"(딤전6:12).

영적으로 믿음의 선한 싸움을 싸워야 합니다. 싸운다는 말은 아고니조마이(ἀγωνίζομαι)라 합니다.

"나는 선한 싸움을 싸우고 나의 달려갈 길을 마치고 믿음을 지켰으니"(딤후4:7)

믿음을 지키기 위해 영적인 싸움을 끊임없이 해야 하는 이유는 하나님이 우리를 불러 주셨기 때문이며 이 싸움에서 이겨나가야 합니다. 중요한 것은 내가 싸우려고 한다면 백발백중 질 수 밖에 없습니다. 하나님이 싸워주시는 싸움을 해야 합니다. '주여, 이 싸움에서 이길 수 있도록 힘을 주옵소서. 하나님의 인도하심을 믿사오니 이기게 하옵소서.' 이 싸움은 하나님이 나를 도구로 사용하실 뿐이지 능력은 하나님이 주시는 것입니다. 이 전쟁은 내 힘으론 이길 수 없습니다. 과거의 믿음의 선배들은 생명을 건 신앙이었습니다.

오늘 우리 기독교인의 모습은 생명을 건 싸움이 안 되고 있습니다. 믿음의 선배들처럼 생명을 건 신앙이 되어야 합니다. 안일하고 나태하고 세속화된 신앙을 탈피해야 합니다. 어둠과 죄악 속에서 벗어나야 합니다. 매스컴을 보면 얼마나 타락하고 어두운지 모릅니다.

"이에 가서 저보다 더 악한 귀신 일곱을 데리고 들어가서 거하니 그 사람의 나중 형편이 전보다 더욱 심하게 되느니라 이 악한 세대가 또한 이렇게 되리라"(마12:45).

열심히 신앙생활을 한 19세기부터 20세기를 걸쳐 교회는 부흥되고 영적으로 강건했습니다. 찬송도 강대상에서 피가 날만큼 두드리며 열정적으로 불렀습니다. 하지만 강대상이 아크릴판으로 바뀌면서 화려해졌지만 더 이상 두드리며 찬송하지 않습니다. 이제는 성경 강해로 교리를 가르치면서 뜨거운 마음이 식어지고 있습니다. 하나님이 받으시는 회개찬송도 사라지고 있습니다. 일곱 마리의 귀신이 소제된 방에 들어온 모습입니다. 주님께서 오실 때의 모습입니다. 예수 믿고 회개하여 빈 상태가 된 마음을 성령으로 가득 채워야 합니다. 그렇지 않으면 일곱 귀신이 들어와 더 악하게 만듭니다. 이 시대는 마지막 때가 되어 사탄이 발악을 하느라 찬송을 드리지 못하도록 마스크로 입막음이 되었습니다. 마스크로 인해 부르짖어 기도하기도 힘들어졌습니다. 하지만 때가 가까워 옴을 알고 정신을 차리고 깨어 있어서 믿음의 선진들처럼 찬송을 뜨겁게 부르고 부르짖어 기도해야 합니다. 불같은 성령을 사모하는 찬송을 해야 합니다. 신앙에 생명을 걸었던 초대교회의 모습을 본받아야 합니다.

 능력 있는 신앙이 되십시오. 주님 오시기 임박할 때 '잘 했다' 칭찬받는 성도가 되시기를 축원합니다. 악한 귀신 일곱을 데려와서 처음보다 더 심해지는 일이 없도록 해야 합니다. 귀신이 물이 없는 곳으로 다니듯 타락한 영혼을 찾아다니다가 기도하지 않는 영혼, 영적으로 잠을 자고 있는 사람을 찾아 들어갑니다. 몇 달 동안 예배를 못 드리면서 코로나 19라는 시대를 핑계 삼게 됩니다. 하지만 지금은 악한 시대입니다. 멸망이 가까운 시대입니다. 알곡과 쭉정이, 곡식과 가라지, 양과 염소, 선한 것과 악한 것을 구분할 때가 가까운 시대입니다. '악하고 더러운 귀신아 예수 이름으로 명하노니, 떠나가라!' 사특한 귀신을 쫓아내는 축사(逐邪)기도를 하십시오. 강력하고 능력 있는 기도를 하십시오. '너 하나님의 사람아' 이 말씀대로 영적인 싸움에서 이기기를 축원합니다.

3. 취하라.

여배우 캐서린 햅번(Katharine Hepburn)은 영화마다 인기를 얻게 된 비결에 대해 이렇게 대답했습니다. '영화를 찍을 때마다 하나님의 신령한 능력이 내게 임하기를 기도했습니다.' 하나님의 거룩한 영에 취하도록 하고 생명의 에너지의 근원이 되도록 기도해야 합니다. 하나님의 은혜에 취한 사람은 살 맛 나지 않는 사람을 살 맛 나게 하고 열정이 꺼진 사람에게 열정을 불러일으킵니다. 하나님의 신에 감동된 사람의 특징입니다. 나를 만나면 식어가던 열정이 다시 살아나고 살 맛이 생겨나기를 바랍니다. 하나님의 신에 감동된 사람이 되도록 신앙생활도 적극적이며 뜨겁게 하십시오. 영적인 가치를 잃지 말고 면류관을 빼앗기지 않도록 하십시오.

"믿음의 선한 싸움을 싸우라 영생을 취하라 이를 위하여 네가 부르심을 받았고 많은 증인 앞에서 선한 증언을 하였도다"(딤전6:12).

영생을 취하는 것은 확실한 믿음 가운데 서는 것입니다. 영생은 시간적인 영원함 뿐 아니라 하나님의 속성이 내 안에 평안과 기쁨을 주셔서 하나님과 영원히 교제하는 것입니다. 하나님과 교제를 확실히 하십시오. 붙잡을 때도 어설피 하지 말고 확실히 붙잡으십시오. 하나님과 교제할 때 풍성한 은총이 계속 공급되며 생명의 부요함과 풍성함이 계속됩니다.

날마다 올라가는 신앙이 되어야 합니다. 히말라야 고산지대에서 사는 양들은 살이 찌고 덩치가 큰 양이 비싼 값을 받지 않는다고 합니다. 존재로 양의 값을 매기는 것이 아니라 행동으로 값을 매깁니다. 양이 어디로 가는지 봐서 산 위로 올라간다면 그 양이 비록 말랐다 하더라도 빨리 돈을 주고 산다고 합니다. 왜 그럴까요? 히말라야 고산에는 아래쪽이 풀이 없기 때문에 내려가면 반드시 굶어 죽지만 위로 올라가면 먹을 것이 있기 때문에 살 수 있다고 합니다. 우리의 신앙도 이 같은 모습이 되어야 합니다. 행동 가치가 올라가야 하고 영적으로도 올라가야 합니다. 환경이나 가진 것이 문제가 아니라 하나님의 사람으로 우뚝 서도록 기도하는 것이 중요합니다. 희망을 바라보고 살아야 합니다. 성도가 성도다워야 합니다.

오늘 '너 하나님의 사람아'라고 우리를 불러 주셨으니 선을 따르고 진리의 싸움을 하며 체험적인 은혜로 내 생애의 부요함을 갖도록 하십시오. 살아있는 영에게 풍성함을 주십니다. 어떤 것으로든 채워주십니다. 건강함과 부요함을 주시고 위에만 있게 하시고 머리가 되게 하십니다. 야곱이 환도뼈가 부러지도록 천사와 씨름한 것처럼 영적인 싸움에서 이기기를 축원합니다. 하나님께서 우리를 통해 큰 역사를 이루실 것입니다.